Richard Gutzwiller

Die Gleichnisse des Herrn

Richard Gutzwiller

Die Gleichnisse des Herrn

Auf der Suche nach dem Sinn des Kreuzes

media maria

Bibliografische Information: Deutsche Nationalbibliothek.
Die Deutsche Nationalbibliothek verzeichnet diese Publikation in der Deutschen Nationalbibliografie; detaillierte bibliografische Daten sind im Internet über http://dnb.ddb.de abrufbar.

Mit kirchlicher Druckerlaubnis des Bischöflichen Ordinariates Chur vom 2. März 1960.
Erstmals erschienen im Benzinger Verlag, Einsiedeln-Zürich-Köln.

DIE GLEICHNISSE DES HERRN
Richard Gutzwiller
Media Maria Verlag, 1. Auflage 2017

ISBN 978-3-9454013-5-4

www.media-maria.de

Inhalt

VORWORT

Professor Richard Gutzwiller hielt erstmals im Februar 1945 in Reiden einen Bibelvortrag über »Die Gleichnisse des Herrn«. Im August 1947 sprach er in einem achttägigen Bibelkurs in Kerns über »Die Parabeln«. Im Wintersemester 1947/48 behandelte er in den sonntäglichen Akademikerpredigten in der Liebfrauenkirche in Zürich dasselbe Thema. Im gleichen Jahr 1948 folgte im Juni ein dreitägiger, im Oktober ein fünftägiger Kurs über die Gleichnisse. Auch sein Referat an der Bibeltagung in Wil (SG) vom 15. November handelte von den »Parabeln«.

In den Jahren 1949 und 1950 erschienen dann von R. Gutzwiller Betrachtungen über die einzelnen Gleichnisse des Evangeliums in der Wochenbeilage »Christliche Kultur« der »Neuen Zürcher Nachrichten«. Auf Wunsch der »Schweizerischen Katholischen Bibelbewegung« überarbeitete und erweiterte der Verfasser die Sammlung und ließ sie 1951 als Manuskript herausgeben.

Großer Dank gebührt Herrn Dr. O. Bettschart, Direktor des Benziger-Verlages, für seine Initiative, die »Gleichnisse des Herrn« der Reihe der fünf Bändchen »Meditationen« (über Matthäus I und II, Lukas I und II und Johannes) von R. Gutzwiller anzuschließen. Dadurch geht sein kurz vor dem Sterben (29. Mai 1958) geäußerter Wunsch, er hätte Christus mehr predigen sollen, nach seinem Tode noch in Erfüllung.

Apologetisches Institut, Zürich

VORWORT ZUR NEUAUFLAGE

Richard Gutzwiller hat kurz vor seinem Tod die Sehnsucht geäußert, er hätte mehr über Christus predigen sollen. So darf ich, wie es schon mit der ersten Auflage geschehen ist, diesen Wunsch fast sechzig Jahre nach seinem Tod wieder mit Freude erfüllen.

Richard Gutzwiller lebte von 1896 bis 1958 und er hat uns in seinen Auslegungen über die Gleichnisse des Herrn etwas Zeitloses hinterlassen, was dem heutigen Menschen wieder zugänglich gemacht werden soll. Es war Richard Gutzwillers großes Anliegen, dem Menschen im Alltag das Wort Gottes näherzubringen. Er war davon überzeugt, dass alle Erneuerung des Christentums unfruchtbar bleiben wird, wenn das Wort Gottes nicht wieder lebendiger Besitz des Christen wird.

Wie oft sind die Gleichnisse des Herrn wie verschlüsselte Erzählungen, die uns entmutigen und uns veranlassen, das Buch der Bücher wieder zur Seite zu legen. Hier finden wir jedoch einen einfachen und tiefen Zugang zum Reich Gottes, der unser Herz ergreift und brennen lässt, denn in uns muss brennen, was wir in anderen entzünden wollen. Wer die Gleichnisse des Herrn versteht, findet durch Christus in das Reich des Himmels zurück, das wir durch den Sündenfall verloren haben. Wir dürfen durch die Betrachtung der Parabeln wieder zum Vater im Himmel gelangen. Jesus verwendet alles in dieser Welt als Gleichnis, um das Reich des Vaters zu erklären und zugänglich zu machen, denn alles, was in der Welt ist, ist durch Gott erschaffen und gleicht dem, was im Himmel ist.

Gutzwiller wollte durch die Auslegungen der Gleichnisse des Herrn, die den Mittelpunkt der Verkündigung Jesu bilden, ihren geistigen Sinn dem suchenden Menschen eröffnen.

Mit großem Dank sind wir dem Jesuitenorden in der Schweiz verpflichtet, der in großzügiger Weise die Neuauflage der »Gleichnisse des Herrn« dem Verlag Media Maria übertragen hat.

So hoffe und wünsche ich, dass viele Menschen diese Gleichnisse in die Hand nehmen, damit sie einen neuen Zugang zum Reich Gottes finden, denn das Wichtigste in der Nachfolge Jesu ist, in allem das Reich Gottes zu suchen.

Verkündigung des Herrn 2017

Pfarrer Werner Fimm

EINLEITUNG

Gleichnisse: Sinn und Bedeutung

Gott ist der Unvergleichliche. Bei jedem Versuch eines Vergleiches zeigt es sich, dass Gott der ganz Andere ist, der in jeder Hinsicht Größere, *die Majestas* schlechthin. Alles Geschaffene ist begrenzt und unvollkommen. Infolgedessen kann man daraus in erster Linie erkennen, wie Gott *nicht* ist. Diese negative Theologie ist von großer Bedeutung, denn sie verunmöglicht jede Vermenschlichung oder Verweltlichung Gottes.

Und doch steht in der Bibel das Wort Gottes: »Lasst uns den Menschen schaffen nach unserem Bild und Gleichnis.« Was der Mensch kaum wagen würde, darf und muss er nun wagen aufgrund dieses Gotteswortes: Er kann das Geschaffene als Gleichnis des Schöpfers sehen. Denn eines haben Schöpfer und Geschöpf gemeinsam: das Sein. Beide sind vom Nichts unterschieden, und dieses Gemeinsame ermöglicht einen Vergleich. Dann aber wird sofort klar, dass dieses Gemeinsame zugleich wieder im innersten Wesen grundverschieden ist. Denn Gott ist aus sich und in sich. Die Schöpfung ist aus Gott und durch Gott. So weist sie über sich hinaus und zeigt, dass ein Vergleich nie eine Gleichsetzung werden darf, sondern nur ein Gleichnis. Das heißt, dass bei aller Verschiedenheit doch in einem Dritten eine Gemeinsamkeit vorhanden ist, ein *tertium comparationis*. Und so kann denn der Mensch aus der Schöpfung nicht bloß erkennen, was Gott nicht ist, sondern auch, was Gott ist.

Die *Sünde* hat aber in diese Möglichkeit zum Gleichnis verheerend eingegriffen. Denn sie hat den Blick der Menschen getrübt, sodass sie sehen und doch nicht sehen. Und zwar in zweifacher Richtung.

Einmal verliert sich der Blick des Menschen an die Schöpfung. Die Welt ist ihm nicht mehr Zeichen eines anderen, sondern in sich das Letzte und Höchste. Er vergöttert die Welt. Da es aber nur einen einzigen Gott gibt, wird die vergötterte Welt zum Götzen, zur Nachahmung Gottes. Anstatt den Menschen im Gleichnis-Charakter zu Gott zu führen, verführt die Welt ihn ins eigene Ich. Sie verhüllt, statt zu enthüllen. Der Mensch in dieser Welt ist dann nicht mehr Abbild Gottes, sondern will Urbild sein. Das satanische »Ihr werdet sein wie Gott« ist nicht Hinweis auf *Gleichnis*, sondern auf *Gleichheit*.

In einem zweiten Sinn hat die Sünde den Gleichnis-Charakter verunmöglicht, denn sie hat die Welt und den Menschen entstellt. Das Wilde und Hässliche, Ungestüme und Ungezügelte, das Hemmungslose, Chaotische ist in die Schöpfung eingebrochen. Und so wird der Mensch, wenn er die Welt betrachtet, an Gott irre. Bisweilen scheint ihm die Welt so schön, dass er etwas Göttliches in ihr zu finden wähnt und sie vergöttert. Dann wieder scheint sie ihm so hässlich, dass er sie nicht als Werk Gottes erkennt und Gott verleugnet. Pantheismus und Atheismus stehen im Gegensatz zum Gleichnis-Charakter der Schöpfung.

Dann aber ist *Christus* gekommen und hat uns gelehrt, die Welt wieder richtig zu sehen. Als Sohn Gottes kennt er Gott wie kein anderer. Und als Menschensohn weiß er um die Welt und das menschliche Leben wie kein anderer. So kann er den kühnen Bogen zwischen den beiden Ufern wölben als der große Pontifex, der Brückenbauer zwischen Gott und Mensch. Er sieht die Welt wieder als Gleichnis Gottes. Er, der als Logos das Bild des Vaters und in seiner reinen Menschlichkeit das Ideal Adams wieder aufleuchten lässt: *imago Dei*. Das Sprechen in Gleichnissen ist geradezu die typische Art der Gottesverkündigung Jesu. In den Evangelien finden sich mehr als siebzig Gleichnisse des Herrn, während sie in sämtlichen anderen Schriften des Neuen Testamentes kaum zu finden sind. Wunder und Gleichnisse sind die Zeichen, die Jesus gibt: die Wunder als übernatürliche Zeichen eines göttlichen Eingreifens und die Gleichnisse als natürliche Zeichen der Schöpfung. Jesus muss die Gleichnisse nicht suchen. Sie umgeben ihn förmlich. Er schöpft aus dem Vollen. Er liest das Buch der Schöpfung und versteht die Sprache der Geschöpfe. Alles redet ihm von Gott und vom Reich Gottes: die Vögel des Himmels und die Blumen des Feldes, das rauschende Wasser und der fahle Blitz, die reifende Traube und das verirrte Schaf, die Frau, die den Teig knetet, und der Dieb in der Nacht, Könige und Sklaven, Kinder und Bettler, Soldaten, Dirnen, Pächter, Priester, Hirten und Handelsleute. Die bunte Fülle der Wirklichkeit, der Reichtum der Natur und des Lebens, alles beginnt zu sprechen, zu klingen und zu tönen. Alles wird zum sichtbaren Wort, durch das der unsichtbare Gott zum Menschen spricht. So wird der Unsichtbare sichtbar und der Unhörbare hörbar. Der Unvergleichliche tut sich kund im Gleichnis. Wenn die Menschen jetzt immer noch sehen und doch nicht sehen, hören und doch nicht hören, dann ist es schuldhaft. Denn dann ist ihr Auge nicht blind, sondern verblendet, ihr Ohr nicht taub, sondern verschlossen. Es ist die Verhärtung Pharaos, der zu allen Zeiten Nein sagt. Wer sehen und hören will, versteht nun wieder den Sinn der Schöpfung. Alles Helle, Schöne, Majestätische, Große ist Zeichen eines unendlich hellen Lichtes, einer uferlosen Schönheit, einer unbeschreiblichen Majestät, einer alles überragenden Größe. Das Endliche wird zum Gleichnis der Unendlichkeit, Flammenzeichen der Ewigkeit, Wegweiser zu Gott. Und alles Dunkle, Harte, Bittere, Hässliche wird Gleichnis des Abfalls von Gott und des Absturzes ins Unterweltliche und Untermenschliche, Gleichnis für das Reich der Finsternis Satans und aller Dämonie. Zwischen beide Welten ist der Mensch hineingestellt, die Welt Gottes über ihm und die Welt Satans unter ihm. Das Gleichnis wird über das nicht verpflichtende, harmlose

Betrachten und Schauen hinaus ein Anruf an die Menschen, ein Aufruf zur Stellungnahme und Entscheidung.

So haben die Gleichnisse ihr Schönes und Lockendes, sodass das Volk vom Herrn sagt: »Er spricht wie einer, der Macht hat.« Sie können ihn verstehen, seinen Worten folgen und spüren doch den Ernst und die Wucht seines Wortes. Andererseits haben die Gleichnisse etwas Beunruhigendes für den Menschen. Sie sind Rätsel und Spiegelbilder. Sie zeigen dem Menschen, dass er nur *in speculo et aenigmate* (»in einem Spiegel nur rätselhafte Umrisse«, Anm. d. Verl.) schaut (vgl. 1 Kor 13,12), und wecken die Sehnsucht nach dem Schauen von Angesicht zu Angesicht, sodass die Jünger freudig sagen: »Jetzt sprichst du offen und nicht mehr in Gleichnissen« (Joh 16,29).

Die alten Lehrer Israels haben geschrieben, das Gesetz Moses sei ein schwerer Korb gewesen, aber ohne Griff, ein siedend heißer Kessel, aber ohne Henkel. Salomo habe durch seine Gleichnisse Griff und Henkel gebracht. Die Gleichnisse Christi des Herrn sind mehr. Sie haben uns nicht nur Griff und Henkel zum Gesetz gegeben, sondern die süßen Früchte gereicht, die im Korb liegen, und den duftenden Wein im schweren Krug. Den Wein, der die Weisen beredt macht und die Liebe trunken. Fragt die Heiligen! Lernt bei den Mystikern! Wer die Gleichnisse des Herrn versteht, wird durch Christus aus der Welt zu Gott geführt und gelangt so durch alle Gleichnisse zum unvergleichlichen Gott.

I. TEIL

GÖTTLICHES IM REICH GOTTES

DAS NEUE DES REICHES GOTTES

Neuer Wein

Mk 2,22: Niemand gießt neuen Wein in alte Schläuche, sonst sprengt der Wein die Schläuche, und der Wein ist mit den Schläuchen verdorben. Man muss vielmehr neuen Wein in neue Schläuche gießen.

Das Christentum war etwas Neues. Nicht mehr äußere Beobachtung des Gesetzes, sondern innere Gnade. Nicht mehr ein auserwähltes Volk, sondern Botschaft an die ganze Menschheit. Nicht mehr Furcht, sondern Liebe. Nicht mehr Erwartung eines künftigen Messias, sondern Gott mitten unter uns. Dieses Kommen Gottes, dieses gewaltige Hereinbrechen des Göttlichen ins Menschliche, der Ewigkeit in die Zeit, war etwas so Gewaltiges, Urmächtiges, dass man es wahrhaftig nicht bloß wie einen Flicken auf ein altes Kleid nähen konnte. Es sprengte alle bisherigen Formen, war gärender, schäumender Wein, den man nicht in alte, brüchig gewordene Schläuche füllen durfte. Es war ein neuer Anfang der Weltgeschichte, ein aufblitzender Morgen, ein aufbrechender Frühling. Es war wirklich das Jahr 1.

So war es. Ist es noch so? Ist das Christentum auch heute noch gärender, junger Wein? Ist es nicht längst zur süßlichen Limonade bürgerlichen Bravseins verharmlost? Ist es nicht fades Zuckerwasser einer billigen Vertröstung aufs Jenseits inmitten einer Welt, die wir doch nicht umgestalten können? Ist es nicht erstarrt in den 2414 *Canones* (Artikel des Kirchenrechts, Anm. d. Verl.) des *Codex Iuris Canonici* (Gesetzbuch des Kirchenrechts, Anm. d. Verl.)? Ist sein Beten nicht verkrustet in den fest gefügten Formeln des Breviers, der Litaneien, des Rosenkranzes? Ist sein enthusiastischer Gottesdienst nicht unerbittlich normiert durch die Rubriken der Liturgie? Sind die schäumenden Wasser seines Glaubens nicht in die Stahlrohre scholastischer Begriffe und dogmatischer Formeln gezwängt? Ist die Lebenskraft des mystischen Leibes Christi nicht zum dürren Skelett der Organisation geworden? Ist das mächtige Ausschreiten seines Eroberungsmutes nicht zu defensivem Kleinkrieg unfruchtbarer Schützengraben-Apologetik degradiert? Ist der brüllende Löwe, wie er noch im Markusevangelium vor uns steht, nicht längst zum zahmen Haustier geworden, dessen gelegentliches Knurren man rasch besänftigt, wenn man durch ein Konkordat oder durch finanzielles Entgegenkommen sein Fell wieder begütigend streichelt? Sind die lodernden Feuer seiner Liebe, die den Sklaven ihre Ketten lösten und die Aussätzigen küssten, in unseren karitativen Organisationen und Institutionen noch brennend? Sind seinen Adlern nicht durch Zensur, Index und Imprimatur die geistigen Schwingen so beschnitten, dass sie gar nicht mehr auf den Bergen geistigen Wagemutes zu horsten vermögen?

Neuer Wein? Es war einmal …

So lauten die Vorwürfe, die man, versteckt oder offen, immer wieder gegen uns erhebt. Neben dem roten Sturm ist das Christentum nur leises, müdes Säuseln. Neben der jungen, schwellenden Kraft neuer Ideen, aufsteigender Bewegungen, revolutionärer Macht hat das Christentum das zwar gütige, aber müde, welke Antlitz eines ehrwürdigen Greises.

Ist der Vorwurf berechtigt? Zwei Dinge müssen geprüft werden. Zuerst das Christentum als Lebenskraft im *Einzelmenschen.* Da ist es etwas ständig Neues. In jedem Menschen ist es ein neuer Anfang, eine Neugeburt. Als Kraft kommt es in der Taufe in die Seele des Christ gewordenen Menschen, um ihn umzuformen nach dem Bilde Christi: *imago Dei.* Es muss in ihm wirklich wie gärender, junger Wein sein. Muss in ihm lebender

Odem, revolutionäre Kraft sein, die sein Leben immer neu umformt und umgestaltet. Man darf diesen Wein des christlichen Glaubens nicht in alte, brüchige Schläuche eines gewöhnlichen, rein natürlichen Menschenlebens schütten. D.h. der Mensch darf nicht zuerst rein naturhafter Mensch sein wie die anderen und dann, daneben, dazu, auch noch Christ, sondern er muss wertmäßig zuerst Christ sein und von da aus sein ganzes menschliches Tun formen. Er ist also nicht zuerst Arzt, Advokat, Kaufmann, Hausfrau und daneben noch Christ, sondern er ist zuerst Christ und bestimmt und formt von da aus seinen Beruf. Der christliche Arzt, der christliche Geschäftsmann, die christliche Gattin sind darum anders als die anderen. Er ist nicht zuerst Deutscher, Franzose, Italiener, Schweizer und dann auch noch Christ, sondern er ist zuerst Christ und bestimmt von da aus seine Einstellung zum Staat, zur Nation, zur Rasse. Wäre es umgekehrt, dann wäre das Christentum eben bloß Flicken eines Kleides, neuer Wein in alten Schläuchen. Bei jedem Beten, bei jedem Empfang der Sakramente füllt dieser gärende, schäumende Wein wieder die menschlichen Kelche, fährt der Sturmwind des Gottesgeistes wieder durch alle Winkel der Seele, kreist der Lebensstrom aus Gott wieder durch den Menschen. So ist im Einzelmenschen das Christentum etwas ewig Junges, immer wieder Neues. Wenn nicht, ist die Frömmigkeit nicht ganz echt.

Aber in der *Menschheit*?

Ist es nicht in Form und Tradition erstarrt? Das Christentum *muss* Formen haben. Sie sind zum Teil durch Christus selber grundgelegt, zum Teil von den Menschen ausgebaut worden. So ist Göttliches und Menschliches in den Formen des Christentums zu finden. Christus hat eine sichtbare Kirche gestiftet, hat selber ihre organisatorische Struktur in Volk, Aposteln und Petrus, in Gläubigen, Bischöfen und Papst festgelegt. Er hat Sakramente eingesetzt: die Taufe mit Wasser, die Eucharistie mit Brot und Wein, die Buße mit dem Richterspruch dessen, der

Sünden nachlässt oder Sünden behält usw. Christus hat selber Gebetsformeln gebraucht. Er hat die fest gefügten Psalmen gebetet und uns das Vaterunser gelehrt. Formen entsprechen somit seinem Willen und müssen sein. Jahrhunderte haben an ihrem Ausbau gearbeitet. In den *liturgischen Formen* unseres Gottesdienstes spüren wir hebräischen Klang im *Hosanna, Alleluja*, in *Gott Sabaoth*, hören griechische Laute im *Kyrie eleison* und spüren lateinisch-römische Zucht in der gottesdienstlichen Sprache und im ganzen Aufbau unserer Liturgie. Das Wehen des gleichen Geistes, der die Urkirche zu Jerusalem, die paulinischen Gemeinden in Griechenland und die Christen in Rom beseelte, geht spürbar durch die liturgische Messfeier jeder katholischen Kirche und Kapelle. An den dogmatischen *Formeln unseres Credo* kann man förmlich die Jahresringe des mächtigen Baumes der katholischen Kirche zählen. An diesen Formeln haben unsere Väter gemeißelt zu Nicäa und Ephesus. Und so wissen wir: Es ist derselbe Glaube, damals wie heute, derselbe Christus gestern, heute und in Ewigkeit. Die ehrwürdigen *Formeln unserer Gebete* überbrücken Jahrtausende. Diese Psalmen hat der Hirtenknabe David gebetet und haben die Christen in den Katakomben mit gedämpften Stimmen gesungen. Dieses *Te Deum* hat die Kirche nach den Jahrhunderten der Verfolgung in den strahlenden Morgen der Freiheit gejubelt und hat die *Ecclesia militans* (Die Gemeinschaft der Gläubigen wird auch als die »streitende Kirche« bezeichnet, Anm. d. Verl.) nach tausend Geistesschlachten und tausendundeinem Sieg geschmettert. Es ist etwas Großes um Tradition, die in festen Formen ihr Gefüge und ihr Gepräge aufweist. Spürt nicht jeder den Unterschied, ob er in einer modernen Betonkirche betet oder im Halbdunkel ehrwürdiger Kathedralen? Es ist etwas anderes, ob man in eine unserer neuen Zürcher Kirchen geht oder ob man etwa in der Kathedrale von Chur, im Hohen Dom zu Köln oder in der Basilika zu St. Peter in Rom Gottesdienst feiert. Dort spürt man den Flügelschlag der Jahrhunderte. In jenen heiligen Hallen hat die Christenheit vergangener Tage geweint und gebetet, gefleht und gesungen. Tradition ist etwas Großes. Sie ist Wurzelboden, der Bestand und Dauer gibt, ist Brückenbogen, der Vergangenheit, Gegenwart und Zukunft verbindet.

So freuen wir uns ehrfürchtig an den Formen, die eine zweitausendjährige Tradition geschaffen hat, und möchten sie nicht missen. Aber wir dürfen darin das Zeitbedingte nicht verabsolutieren, das Menschliche nicht vergöttlichen, das Nebensächlich-Zufällige nicht mit dem Notwendig-Wesentlichen verwechseln. Päpstliche Autorität bleibt, auch wenn kein Kirchenstaat mehr da ist. Ordensgeist und Ordensgelübde bleiben, auch wenn man keine Tonsuren mehr schert und keinen Habit (Ordenstracht, Anm. d. Verl.) mehr trägt. Die Glut im Herzen des Weltenheilandes bleibt, auch wenn wir andere Herz-Jesu-Lieder singen. Und nicht jedem Verein, der Statuten und einen Vorstand hat, ist ewige Dauer garantiert. Feste Formen bergen auch die Gefahr der Erstarrung. Wenn der Geist nicht mehr lebendig macht, wird der Leib zum Kadaver und die Form zum Skelett. In fest gefügtem, altehrwürdigem Haus können Spinngewebe die Ecken füllen, kann Schmutz sich anhäufen, kann stickige Luft und Moderluft zu finden sein, wenn man nicht immer wieder die Fenster aufreißt, dass der Sturm des Geistes hineinfahren kann, wenn man nicht immer wieder mit dem Besen der Reform durch alle Räume und Ecken fährt. Auch die schönsten Kelche werden schmutzig und setzen Grünspan an, wenn sie nicht immer wieder gereinigt werden, dass sie würdige Gefäße seien, das Blut Christi zu bergen. Wo immer Schläuche brüchig geworden sind, werfen wir sie weg, nicht um den Wein des Christentums auf den Boden zu schütten, sondern in neue, gute Schläuche, in brauchbare Formen.

Das Christentum ist gottgeboren, ist Göttliches in der Menschheit, darum nie alt. Immer neu, immer gärender, schäumender, feuriger Wein. Wir müssen es in die Schläuche fester Formen fassen. Formloses Christentum ist unmöglich.

Unchristliche Formen sind unnütz. Lebendiges Christentum in großen, gottgegebenen, traditionsbewährten oder in neuen, aus geistigen Bedürfnissen heraus geschaffenen Formen ist das, was wir brauchen. Formlosigkeit und Zerbrechen aller Tradition ist barbarisch und unchristlich. Verstauben, Verkrusten und Versanden in leeren Formen und Traditionen ist senil und ebenfalls unchristlich. Lebendiger Gottesdienst in ehrwürdigen, großen, alten und neuen Formen ist Christengeist. Wo darum Formen wirklich veraltet, wirklich brüchig sind, zerschlagt sie ruhig. Vor allem aber sorgt dafür, dass euer christlicher Glaube wirklich feuriger Wein sei, dann werdet ihr von selber spüren, welche Schläuche brüchig und welche noch gut sind. Der Geist entscheidet.

GNADENCHARAKTER DES GOTTESREICHES

RECHNEN?

Die Arbeiter im Weinberg

Mt 20,1–16: Das Himmelreich gleicht einem Hausvater, der am frühen Morgen ausging, um Arbeiter für seinen Weinberg zu dingen. Er vereinbarte mit den Arbeitern einen Tagelohn von einem Denar und schickte sie in seinen Weinberg. Als er um die dritte Stunde wieder ausging, sah er andere müßig auf dem Markte stehen. Er sagte zu ihnen: Geht auch ihr in meinen Weinberg! Ich werde euch geben, was recht ist. Sie gingen hin. Um die sechste und neunte Stunde ging er nochmals aus und machte es ebenso. Als er endlich um die elfte Stunde ausging, fand er wieder andere dastehen. Er fragte sie: Warum steht ihr hier den ganzen Tag müßig? Sie antworteten ihm: weil keiner uns gedungen hat. Da sagte er zu ihnen: Geht auch ihr in meinen Weinberg! Am Abend sagte der Herr des Weinberges zu seinem Verwalter: Rufe die Arbeiter und zahle ihnen den Lohn aus, von den Letzten angefangen bis zu den Ersten. Da kamen die von der elften Stunde und erhielten je einen Denar. Als die Ersten kamen, glaubten sie, mehr zu erhalten. Aber auch sie erhielten je einen Denar. Als sie ihn empfingen, murrten sie gegen den Hausvater und sagten: Diese Letzten haben nur eine Stunde gearbeitet, und du hast sie uns gleichgehalten, die wir die Last des Tages und die Hitze getragen haben. Er antwortete einem von ihnen: Freund, ich tue dir kein Unrecht.

Bist du nicht um einen Denar mit mir übereingekommen? Nimm, was dein ist, und geh. Ich will auch diesem Letzten ebenso viel geben wie dir. Darf ich etwa mit meinem Eigentum nicht machen, was ich will? Oder ist dein Auge neidisch, weil ich gut bin? So werden die Letzten die Ersten und die Ersten die Letzten sein [denn viele sind berufen, wenige aber auserwählt].

Das Gleichnis von den Arbeitern im Weinberg hat etwas Herausforderndes. Es reizt zum Widerspruch. Schon das Bild ist unmöglich. Was ist das schon für ein Weinbergbesitzer, der keine Ahnung hat, wie viele Arbeitskräfte er am Tag der Weinlese zur Einbringung der Traubenernte braucht! Nachdem er am Morgen die nötigen Kräfte gedungen hat, muss er noch viermal den Weg vom Weinberg zum Stadttor machen, um wieder neue Taglöhner zu holen. Noch unmöglicher ist die Methode des Ausbezahlens, dass er nämlich die Anweisung gibt, mit den Letzten anzufangen und die Zuerst-Gekommenen, die müde und erschöpft sind, am längsten warten zu lassen. Und am unmöglichsten ist seine Lohnregulierung. Er gibt allen gleich viel, ohne jede Rücksicht auf Arbeitszeit und Arbeitsleistung. Der Protest der Benachteiligten ist begreiflich und scheint berechtigt. Unsere Sympathie steht unwillkürlich auf deren Seite. Wo bleibt sonst der Sinn für soziale Gerechtigkeit!

Ebenso unmöglich scheint dementsprechend die Anwendung des Bildes auf die Wirklichkeit vom Gottesreich. Es gibt also offenbar keine Proportion zwischen Leistung und Lohn. Wozu dann die Anstrengung? Wozu der Einsatz? Ist es dann nicht besser, man gehört zu den Spätberufenen, die sich auf der breiten und bequemen Straße das Leben leicht machen und erst am Schluss die Kurve in den steilen und schmalen Weg zum Himmel nehmen, um dann dort die gleiche Seligkeit zu finden wie die anderen, die sich Jahrzehnte hindurch in selbstlosem Opfer und Verzicht um die Erfüllung göttlichen Willens bemühen? Irgendwie höhlt das doch wertvolle Impulse aus.

Christus hat seinem Gleichnis bewusst und absichtlich diese herausfordernde Formulierung gegeben, um zu zeigen, dass wir mit unseren alltäglichen Begriffen und Vorstellungen aus dem menschlichen Leben an das eigentliche Wesen Gottes und unser Verhältnis zu ihm nicht herankommen. Gott ist der ganz Andere. Er ist souveräne Freiheit. Gott ist der Herr, der nach eigenem Gutdünken, eigenem Ermessen und eigener Willkür bestimmen und entscheiden kann. »Darf ich mit dem Meinigen nicht machen, was ich will?« (Mt 20,15). Das Bild vom Töpfer, der den weichen Ton mit seinen Händen zu beliebigen Formen knetet, kehrt bei den Propheten häufig wieder und ist von Paulus im Römerbrief mit unheimlicher Schärfe gezeichnet worden. Gott gegenüber gibt es keine Rechte und keinen Rechtsanspruch. Alles gehört Gott. Jede Erfüllung seines Wollens, jedes von ihm aufgetragene Werk, jede Ausführung seiner Forderung ist selbstverständlicher Anspruch, den er als Schöpfer erhebt und dem der Mensch als Geschöpf zu entsprechen hat. Von Verdienst und Lohn kann hier im strengen Sinn des Wortes überhaupt nicht die Rede sein. Wenn Christus im Evangelium diese Worte trotzdem gebraucht, dann nur in übertragenem, wesentlich abgeschwächtem Sinn. Der Pharisäer, der sich auf Werk und Leistung beruft, daraus einen Rechtsanspruch ableitet und dem Herrn gewissermaßen die Rechnung vorlegt, wird von Christus als religiöse Unmöglichkeit, als Zerrbild innerer Haltung dargestellt. Mit bürgerlich-demokratischen Begriffen ist das Verhältnis zwischen Gott und Mensch nicht zu fassen. Es muss ernst gemacht werden mit der bedingungslosen Anerkennung der völligen, souveränen Freiheit und freien Souveränität Gottes als des Herrn schlechthin. Gott bestimmt in voller Freiheit, wen er beruft, welche Menschen und welche Völker. Und er bestimmt in der gleichen souveränen Freiheit, wann er diesen Ruf ergehen lässt an Menschen und an Völker. Nicht der Mensch oder ein Volk wählt Gott, sondern Menschen und Völker werden von Gott erwählt. Ruf ist Gnade, die zu der Zeit und an dem Ort und an den Menschen und an die Gruppe ergeht, die Gott als der Frei-Wählende bestimmt hat. Primat der Gnade ist Grundlage christlichen Geistes.

Dann erst kommt nun das Zweite, was der Parabel die beglückende Wendung gibt. Gott benutzt seine Freiheit nicht zum Rechnen und sorgsamen Abwägen, sondern zum überströmenden Beglücken und Begnadigen. Er teilt mit vollen Händen aus, auch dort, wo kein Anspruch besteht, auch nicht einmal in übertragenem und abgeschwächtem Sinn. Paulus zeigt im Römerbrief am Beispiel von Esau und Jakob, dass der eine schon im Mutterschoß erwählt, der andere im Mutterschoß verworfen wurde. Aber die Verwerfung Esaus ist nur etwas Vorläufiges, denn nach dem Abfall Jakobs soll auch Esau begnadigt und beglückt werden und schließlich der Rest der Nachkommen Jakobs wieder heimkehren zum Herrn. Wenn Gott alle dem Ungehorsam überlässt, dann nur, um sich schließlich aller zu erbarmen (vgl. Röm 11,32). Menschliche Kleinheit der Gesinnung will in rechnerischem Pedantengeist die Freiheit Gottes nicht verstehen. Aber die Antwort des Herrn lautet: »Was blickt dein Auge scheel, weil ich gut bin?« Das Mysterium der Vorherbestimmung löst sich letztlich im unbegreiflichen Geheimnis der Gnade auf. Einer Gnade, die alle, wenn sie im Jenseits einmal den richtigen Blick dafür haben, als überquellenden und überfließenden Reichtum Gottes staunend und bewundernd anerkennen werden. Denn jeder wird dann sehen, dass der Ruf, der an ihn ergangen ist, der Zeitpunkt, der für diesen Ruf gewählt wurde, die Möglichkeit, den Ruf zu beantworten, die Fähigkeit zum Mitgehen und Mitwirken, das ständige Geführt- und Gehaltenwerden und das endliche Aufgenommensein unbegreifliche, unverdiente Gnade des Herrn ist. Die Spätberufenen werden staunend erkennen, wie viel reicher das Leben der Frühberufenen vor Gott war. Sie werden aber darum nicht neidisch. Und die Frühberufenen werden ebenso staunend erkennen, dass der Herr im Reichtum seiner Liebe auch Spätberufene überströmend begnadigt. Auch sie werden darum nicht neidisch sein. Und beide zusammen werden staunend erkennen und anerkennen, dass der große Gott in seiner Güte das kleine, an sich so selbstverständliche und verpflichtete Tun des Menschen auch noch als eine Art Verdienst anrechnet und das ewige Leben einen Lohn nennt. So verliert sich letztlich alles in das Staunen über Gottes Gnade.

Was dem kleinlich rechnerischen Geist des Menschen sinnlos scheint und ungerecht, erweist sich in der Größe des Gottesgeistes als Aufhebung bloßer Gerechtigkeitsschranken durch die größere Macht der schenkenden Liebe. Gott zeigt seine Freiheit und Souveränität in der Gnade, die er schenkt. Das ist der wirkliche Sinn dieses scheinbar sinnlosen Gleichnisses. Der Mensch muss das Herausfordernde der Parabel spüren, dann ist sie für ihn eine Forderung, herauszugehen aus der Enge seines Denkens, um hineinzuschreiten in die Weite der Geisteswelt Gottes.

WACHSTUM DES GOTTESREICHES

AUTOMATISCH

Die wachsende Saat

Mk 4,26–29: Mit dem Reiche Gottes verhält es sich so, wie wenn jemand Samen aufs Land streut. Mag er schlafen oder wachen, bei Tag und bei Nacht, der Same sprosst und wächst, er weiß selbst nicht wie. Von selbst bringt die Erde Frucht, erst Halm, dann Ähre, dann volles Korn in der Ähre. Wenn dann die Frucht reif ist, legt er sogleich die Sichel an, denn die Ernte ist da.

Das Wort »automatisch« ist für das religiöse Leben gefährlich. Es weckt die Vorstellung eines seelenlosen Mechanismus oder einer bequemen Passivität. Und doch steht es im Evangelium, und zwar als Wort des Herrn. Er vergleicht das Wachstum des Gottesreiches mit dem Wachstum der Saat und betont, dass die Erde »von selbst«, im griechischen Text »automatisch«, die Frucht hervorbringe. Genauso sei es mit dem Wachstum des Gottesreiches.

Der Gedanke wirkt zuerst überraschend. Wir sind sonst gewohnt, die Ernte als den Ertrag menschlicher Arbeit zu würdigen. Genau besehen besorgt aber der Mensch nur das Drum und Dran. An das Wesen der Frucht kann er gar nicht heran. Er kann den Boden drainieren (bewässern, Anm. d. Verl.), umpflügen, düngen und nähren. Er kann das Wachstum durch Bewässerung und Berieselung fördern, kann die Pflanzen vor Schädlingen schützen. Aber das Wachstum ist das, was wir das

Geheimnis des Lebens nennen, die innere Entfaltungsmöglichkeit, die im Saatkorn liegt, die eigenartige Dynamik des Vitalen. Aus dieser ihr innewohnenden Kraft wächst die Saat, also selbsttätig, automatisch. Das Gleichnis Jesu betont das noch ausdrücklich, denn es sagt, dass dieses Wachstum unaufhaltsam vor sich gehe. Die Pflanze durchstößt den Ackerboden, wird zum Halm und zur reifen Ähre, unbekümmert darum, ob der Mensch während dieser Zeit schläft oder wacht, ob es Tag ist oder Nacht. Das Wachstum geht ständig weiter.

Genauso ist es nach dem Wort Jesu mit dem Reich Gottes. Auch hier kann der Mensch mancherlei tun. Aber auch hier ist es nur das Drum und Dran. Er kann sich bereiten zum Empfang der Gnade, kann die Hindernisse wegräumen, kann mit ihr mitgehen und mitwirken. Aber die Gnade als solche ist eben Gnade, also etwas, dessen Natur nicht im Bereich des Menschen liegt, sondern wesentlich übernatürlich ist. Aber nun ist es die gewaltige Erkenntnis, die in diesem Christuswort liegt, dass diese Gnade etwas Lebendiges sei, etwas, das sich entfaltet, entwickelt und wächst. Gnade heißt nicht bloß, dass Gott den Menschen anders anschaue als zuvor und in dem Sinne ihm gnädig sei, sondern Gnade ist ein neues Sein, das in den Menschen hineingelegt ist, ein neues Leben, das ihm geschenkt ist. Darum spricht ja auch Christus von der Wiedergeburt, also vom Spenden eines zweiten, neuen Lebens. Wie alles Lebendige wächst die Gnade heran. Das Erste ist somit nicht das Tun des Menschen, sondern das Tun Gottes, nicht menschlicher Aktivismus, sondern die Lebenskraft der Gnade. Das bewahrt vor aller verkrampften Askese und allen Versuchen, das religiöse Leben zu forcieren, seine Ergebnisse zu erzwingen. Der Bauer, der am Morgen aufsteht, befürchtet nicht, durch seinen Schlaf Zeit verloren zu haben, denn er weiß, dass auch während der Nacht seine Saat gewachsen ist. So muss auch der religiöse Mensch nicht in ständiger Angst leben, dass er das Seine nicht tue, dass er Gelegenheiten verpasse, dass die Gnade in ihm verkümmere. Er lebt im ruhigen Vertrauen, dass Gott in ihm wirkt, bei Tag und bei Nacht, und dass infolgedessen das Reich Gottes in ihm von Tag zu Tag wächst.

Das Gleiche gilt auch für das Reich Gottes in der Welt. Die Kirche ist ein übernatürliches Lebensprinzip der menschlichen Gesellschaft. Eine Saat, die Gott in den Acker dieser Erde gelegt hat, die aufgegangen ist und nun ständig heranwächst, unaufhaltsam reifend bis zur Ernte des Jüngsten Tages. Das Reich Gottes wächst in hellen Tagen ruhiger Zeiten der Kirchengeschichte, in Jahren der Begeisterung der Menschen und froher Bereitschaft der Völker. Es wächst aber auch in dunklen Nächten der Verfolgung, des Widerstandes und der blutigen Unterdrückung. Es wächst, weil es in sich die lebendige Kraft zum Wachsen hat, die kein Mensch ihm gegeben hat und kein Mensch ihm nehmen kann. Auch hier können die Menschen durch ihre Tätigkeit das Wachstum beschleunigen. Aber das Entscheidende liegt nicht in ihren Händen, sondern in der Kraft des Reiches Gottes selbst. Auch hier bewahrt diese Erkenntnis vor einem falschen Aktivismus, stürmischem Draufgängertum, nervöser Hast und ängstlicher Torschlusspanik. Es wächst durch die Kraft Gottes. Und es wächst von Tag zu Tag. Durch alle Stufen und Etappen hindurch, bis die Kornfelder des Herrn zum Schneiden reif sind. In der Apokalypse wird auf den ungeduldigen Ruf, wie lange Gott mit dem Eingreifen zuwarte, die Antwort erteilt, dass die Zahl der Erwählten zuerst voll werden müsse. Mit anderen Worten, dass trotz blutiger Verfolgungen die Zahl der Berufenen und Erwählten ständig wachse und infolgedessen, aufs Ganze gesehen, der Stand des Gottesreiches sich ständig vermehre und verbessere. Mitten im Kommen und Gehen von Dynastien, im Blühen und Welken von Kulturen, in Zeiten wirtschaftlichen Aufstieges und Niederganges, in den Diskussionen um Untergang oder Erneuerung des Abendlandes, in den Katastrophen vergangener oder drohender Weltkriege wächst ständig und unaufhörlich das Reich Gottes aus der ihm eigenen, unausrottbaren Lebenskraft. Das Wissen um dieses automatische Wachsen gibt dem gläubigen Beurteiler der Welt- und Menschheitsgeschichte eine unerhörte Ruhe und Überlegenheit, denn es zeigt ihm, dass im Weltgeschehen eine Lebenskraft tätig ist, die in ihrem innersten Wesen und Wachsen von menschlichen Ereignissen, Plänen und von allen zerstörenden Kräften unabhängig, weil göttlich, ist.

So liegt in der Parabel ein beruhigender, froher Optimismus. Mit Mechanismus hat das nichts zu tun, denn das Leben ist keine aufgezogene Maschine. Die Gefahr der Passivität ist vermieden, denn der Bauer hat sein gerütteltes Maß Arbeit zu leisten, nur weiß er, dass das Entscheidende nicht in dieser Arbeit liegt, sondern in der Lebenskraft des Saatkorns. So hat auch der Mensch im religiösen Leben das Seine zu tun, aber im Bewusstsein, dass das Entscheidende bei Gott liegt, also Gnade ist. Menschliches Tun ist nur ein Mittun, menschliches Gehen ein Mitgehen. Das eigentliche Tun, Wirken und Gehen vollbringt Gott. Gott und Mensch wirken also zusammen. Aber Gott zuerst und Gott entscheidend. Er gibt die Gnade, der die Lebenskraft innewohnt. In diesem Sinne wirkt sie automatisch. Denn Gott selbst ist jene »Kraft, die alles wirkt, bewegt und schafft«.

Das Senfkorn

Mt 13,31–32: Das Himmelreich ist einem Senfkorne gleich, das ein Mann nahm und auf seinen Acker säte. Zwar ist es das kleinste von allen Samenkörnern. Wenn es aber ausgewachsen ist, so ist es größer als die anderen Gartengewächse und wird ein Baum, sodass die Vögel des Himmels kommen und in seinen Zweigen nisten.

Das Gleichnis vom Senfkorn besagt, dass dort, wo Gott am Werk ist, aus Kleinstem Größtes wird. Das Senfkorn ist so klein, dass man es auf der Handfläche kaum sieht. Legt man es aber in die Erde, so wächst es so rasch und so gewaltig, dass es zum größten Strauch im Garten wird, auf dessen Zweigen selbst die Vögel sitzen können. Gott braucht keinen großen Anfang und keinen Apparat mit vielem Drum und Dran. Gottes Werke beginnen meist klein und im Verborgenen, unscheinbar und ohne Lärm. Aber weil es eben Gottes Werke sind, entwickeln sie sich unaufhaltsam und zeigen gerade in der scheinbaren Disproportion zwischen Beginn und Vollendung das Wirken der Hand Gottes.

So war es mit den *Worten Christi.* Schlicht und einfach sind sie gesprochen und ungeheuer ist ihre Wirkung. Christus sagt zu Petrus: »Du bist der Felsen und auf diesen Felsen will ich meine Kirche bauen.« Und es wird aus dem Wort, das im abgelegenen Caesarea Philippi zu einem galiläischen Fischer gesprochen wurde, die Größe des Papsttums mit den Pilgerzügen aus aller Welt zum Grab unter der Kuppel Michelangelos und der Anerkennung des römischen Primates durch alle Bischöfe des Erdkreises. Christus sagt zur kleinen Gruppe der elf in nächtlicher Stunde des Abendmahls: »Tut dies zu meinem Andenken.« Und es wird aus dem Senfkorn dieses Wortes der herrlich blühende Strauch reich entwickelter Messliturgie bis zu rauschenden, musikalisch gestalteten, von Orchestern umrahmten, hochfeierlichen Ämtern in Domen und Kathedralen. Christus sagt zu den paar um ihn versammelten Männern: »Gehet hin in alle Welt.« Und der sprudelnde Quell dieses Wortes wird zum mächtigen, breit dahinfließenden Strom christlicher Missionsbewegung in allen Kontinenten. Christus sagt: »Was ihr dem Geringsten meiner Brüder tut, das habt ihr mir getan.« Und das schlichte Wort löst die sozialen und karitativen Bestrebungen aller Jahrhunderte und Generationen aus, treibt immer neue Blüten von Hilfswerken körperlichen, seelischen, finanziellen und moralischen Beistandes. Christus sagt: »Willst du vollkommen sein, so gehe hin, verkaufe alles, was du hast, und folge mir nach.« Und das kleine Wort wird zur großen Bewegung der gänzlichen Hingabe, zur Nachfolge Christi im Ordensstand. Es fällt als Senfkörnlein immer wieder in Tausende junger Menschenherzen und wird zu blühenden Gärten religiösen Lebens und Strebens.

Das Gleiche gilt vom *Reiche Gottes* als Ganzem. Als Senfkorn hat es begonnen, klein und unscheinbar, in einer verachteten Provinz des Römischen Reiches, bei ein paar schlichten Männern und Frauen. Und es ist zur Weltkirche geworden, zu der sich mehr als vierhundert Millionen Menschen freudig bekennen und deren Ansehen und moralische Bedeutung ständig wächst. Immer wieder hat man dieser Senfstaude Zweige ausgerissen. Ja, man versucht, auch die Wurzeln noch auszurotten. Aber diese Wurzel hat immer wieder zu sprießen und zu sprossen angefangen, und die neuen Zweige sind größer und stärker geworden als die alten. *Succisa virescit!* (»Obwohl umgehauen, treibt es wieder aus!«, Anm. d. Verl.). Demütigungen haben die Kirche erhöht. Verfolgungen haben sie gefestigt. Niederlagen wurden zu Siegen. Gottes Hand hat das Senfkorn in den Boden dieser Erde gelegt.

Das Gleiche gilt von den *Bewegungen* innerhalb dieser Kirche, etwa vom Ordensleben. Gnadenstunden des stillen Mönchs von Subiaco wachsen sich aus zum majestätisch gewaltigen Werk des Benediktinertums. Der junge Bettler von Assisi erneuert durch das Franziskanertum die gesamte Kirche. Und aus der durchwachten Nacht, in welcher ein Ritter zu Manresa (Ignatius von Loyola zog sich ein Jahr lang in das Kloster in Manresa zurück, Anm. d. Verl.) Wams und Dolch der Muttergottes weiht, um Ritter Christi zu werden, wird der Jesuitenorden und sein Kämpfen für die Ehre Gottes.

Das Gleiche gilt vom erstaunlichen Werk vieler anderer Heiliger. Aus dem unbekannten lothringischen Hirtenmädchen wird Jeanne d'Arc zur Führerin der französischen Armee. Und der schwächste Seminarist wird als Pfarrer von Ars ein Erneuerer des Klerus. Die unbekannte Nonne im Karmel zu Lisieux wird zum gefeierten Liebling der katholischen Welt.

Das Gleiche gilt für das religiöse *Innenleben* eines Christenmenschen. Unsichtbar und unscheinbar beginnt es in der Taufe. Das Senfkorn wird dort in den Ackerboden der Seele gelegt. Dann wächst es im Laufe des Christenlebens zwar unsichtbar, aber doch erstaunlich heran. Und erst im Jenseits werden wir verwundert und bewundernd sehen, dass der kleine Anfang eine große Entwicklung ausgelöst hat und dass das Christenleben ein inneres Wachstum aufweist, von dessen Größe und Schönheit wir mit unseren ans Irdische gebundenen Augen uns keine Vorstellung machen können.

So ist immer wieder das gleiche Wachstumsgesetz zu erkennen: Aus Kleinstem wird Größtes, weil der große Gott nicht an irdische Größe gebunden ist.

Wer die prächtig entfaltete Senfstaude mit dem Senfkörnlein vergleicht, muss Gott die Ehre geben.

FRUCHTBARKEIT DES GOTTESREICHES

Vom Weinstock und den Rebzweigen

Joh 15,1–8: Ich bin der wahre Weinstock, und mein Vater ist der Weingärtner. Jede Rebe an mir, die keine Frucht bringt, entfernt er, und jede, die Frucht bringt, reinigt er, damit sie noch mehr Frucht bringe. Ihr seid bereits rein infolge des Wortes, das ich zu euch gesprochen habe. Bleibt in mir, so bleibe ich in euch. Wie die Rebe aus sich selbst keine Frucht bringen kann, wenn sie nicht am Weinstock bleibt, so auch ihr nicht, wenn ihr nicht in mir bleibt. Ich bin der Weinstock, ihr seid die Reben. Wer in mir bleibt und in wem ich bleibe, der bringt reiche Frucht, denn ohne mich könnt ihr nichts tun. Wer nicht in mir bleibt, wird wie die Rebe hinausgeworfen. Man sammelt sie auf und wirft sie ins Feuer zum Verbrennen. Wenn ihr in mir bleibt und meine Worte in euch bleiben, dann bittet, um was ihr wollt, es wird euch zuteilwerden. Das ist die Verherrlichung meines Vaters, dass ihr reiche Frucht bringet und so meine Jünger werdet.

Die Zugehörigkeit zur Kirche ist nicht bloß etwas Äußeres, rein Rechtliches oder nur Moralisches, etwa die Verbundenheit durch gleiche Glaubensüberzeugung oder durch das einigende Band der Liebe, sondern es ist etwas Seinshaftes und Vitales. Christus nennt sich den Weinstock und die Seinen die Rebzweige. Ja, es ist so, dass alles Leben der Natur im Letzten ein Zeichen und ein Gleichnis des Lebens der Übernatur ist. Die

Verbundenheit mit Christus durch die Gnade ist intimer, stärker und lebendiger als die naturhafte Verbundenheit des Zweigleins mit dem Rebstock. Und darin liegt das Geheimnis der Fruchtbarkeit menschlichen Lebens.

Ohne die Verbindung mit Christus ist das Leben unfruchtbar. »Ohne mich könnt ihr nichts tun«, lautet das Wort des Herrn klar und unausweichlich. Das Leben mag äußerlich scheinbar von Erfolgen gekrönt sein. Es mag schöpferische Werke der Kunst, wirtschaftliche Leistungen, politische Errungenschaften aufzuweisen haben und die Bewunderung der Welt und Nachwelt wecken. Trotzdem ist es vor Gott unfruchtbar und tot, wenn es nicht in Christus gelebt war. Auch religiöse Werke, also Übungen der Frömmigkeit, der Buße, der seelsorglichen Arbeit sind mit Unfruchtbarkeit geschlagen, wenn sie nicht in Christus getan sind. Denn »nur einer ist gut, Gott«. Und darum ist nur das gut, was in Gott getan ist, genauer, im Gottmenschen Jesus Christus. Äußerer Aktivismus im kirchlichen Leben hat nur dann Sinn und Wert, wenn er aus der Verbundenheit mit Christus strömt.

Mit Christus ist das Leben fruchtbar. Es mag äußerlich völlig unscheinbar und wertlos scheinen. Es kann das unbeachtete Tun eines Taglöhners sein, das Siechtum eines unheilbar Kranken, der Misserfolg eines am Leben Zerbrechenden, und es kann trotzdem vor Gott fruchtbar sein, wenn das Arbeiten, das Leiden und das Opfern in Christus getan ist. Das Sein und Tun in Christus ist das Geheimnis der Fruchtbarkeit. Darum ist neben der seinshaften Verbindung mit Christus durch die Gnade auch die bewusste Verbundenheit im Denken, Wollen und Lieben des Menschen notwendig. Eine Verbundenheit, die durch das Gebet gefördert wird. *Ora et labora* (»bete und arbeite«) gehören wesentlich zusammen. Gebet ist für den Menschen, der im Reich Gottes arbeitet, kein Zeitverlust, denn es ist Auffüllen der Reservoirs, welche die Arbeit speisen, Sammlung der potenziellen Energie, die dann in kinetische umgewandelt wird.

Der Christ wirkt aus einer anderen Welt in diese Welt hinein. Darum muss er den Kontakt mit jener anderen Welt ständig lebendig erhalten. Ob das in der Weise eines gewissen Nacheinanders geschieht, *contemplata tradere* (»das in der Betrachtung Erfahrene weitergeben«, Anm. d. Verl.), oder ob es als ein Ineinander geschieht, *in omnibus quaerere Deum* (»in allem Gott suchen«, Anm. d. Verl.), ist eine Verschiedenheit der Art und Weise, der seelischen Haltung, des Typus, aber beiden ist dasselbe gemeinsam: das Wirken aus der Verbundenheit mit Christus. Nur so ist Seelsorge fruchtbar. Alles Predigen und Lehren, Helfen und Organisieren, kurz, jede Art von Reich-Gottes-Arbeit muss von daher ihre Befruchtung haben. Wer nicht in der Verbundenheit mit Christus lebt, wird der Welt verfallen. Dann ist der Rebzweig vom Weinstock weggerissen und zur Unfruchtbarkeit verurteilt.

Junge Menschen träumen von kommenden Erfolgen. Männer und Frauen auf der Mittagshöhe des Lebens prüfen dessen Wirkkraft. Und herbstliche Menschen fragen sich besorgt, was bei ihrem Leben herausgekommen sei. Die Antwort liegt im Christuswort: »Wer in mir bleibt, bringt viele Frucht.« Nicht der sichtbare Erfolg, nicht das Urteil der Menschen, nicht einmal die eigene Beurteilung bestimmen Wert und Unwert des Tuns, sondern das Sein in Christus. Rebholz, das vom Weinstock weggerissen ist, ist zu nichts zu gebrauchen, nicht zum Bauen, nicht zum Schnitzen, nicht für Schreiner- und Zimmermannsarbeit, sondern nur zum Verbrennen. Gerade dieses für nichts anderes brauchbare Holz trägt die süßesten Früchte des Weines. Scheinbar unbrauchbare Menschen werden durch die Christusverbundenheit zu Trägern praller Beeren und Triebe. Und scheinbar tüchtige Menschen sind ohne Christus nur Brennholz Gottes. Das Sein in Christus ist im Vollsinn des Wortes entscheidend.

Das Weizenkorn

Joh 12,24–25: Wahrlich, wahrlich, ich sage euch, wenn das Weizenkorn nicht in die Erde fällt und stirbt, bleibt es allein. Wenn es aber stirbt, bringt es viele Frucht. Wer sein Leben liebt, verliert es; wer sein Leben hasst in dieser Welt, wird es für das ewige Leben bewahren.

Man könnte sich über das Sein in Christus leicht einer Täuschung hingeben und vermuten, das Christentum bringe ganz einfach zum natürlichen Sein noch etwas anderes hinzu, sei also nur gewissermaßen eine Verlängerung der Natur. Demnach wäre die Offenbarung nur die Vermittlung neuer Erkenntnis für den Verstand, die christliche Moral nichts anderes als eine Vertiefung dessen, was der Mensch schon naturhaft als gut erkennt. Christsein wäre nichts anderes als ein Ausbau der natürlichen Persönlichkeit, ihrer Fähigkeiten und Anlagen, das Ganze ein Kunstwerk der Psychologie. Und der Christ wäre der vollendete, harmonische Mensch.

Dem ist aber nicht so. Wohl braucht Christus die Bilder aus dem organischen Leben. Aber um jede Illusion zu zerstören, zeigt er, dass auch zum Wachstum des Organismus und zum Geheimnis seiner Fruchtbarkeit notwendig ein ganz anderes vorausgesetzt wird, nämlich das Sterben. Wenn das Weizenkorn nicht stirbt, bringt es keine Frucht. Fruchtbarkeit in Christus ist gewissermaßen jenseits des Naturhaft-Organischen und ergibt sich erst auf dem Grab des alten Menschen. Eine Fruchtbarkeit religiösen Lebens, der nicht ein Sterben des Ich vorausgeht, ist Täuschung. Gnade ist Neuschöpfung und Totenerweckung (vgl. Röm 4,17). Der Untergang geht ihr voraus. Sie ist also nicht bloß Weiterentwicklung und Entfaltung zur Fülle, sondern sie ist das ganz andere, das von außen und von oben her Kommende, nicht das von unten und innen Gewachsene. Die Übernatur ist nicht einfach eine Weiterentwicklung der Natur.

Dementsprechend ist Offenbarung zwar auch Vermittlung von neuen Erkenntnissen, aber Erkenntnissen, die der menschliche Geist auch nach Empfang der Offenbarung nicht versteht. Das *sacrificium intellectus* (»Unterordnung des eigenen Erkennens unter die kirchliche Lehrmeinung«, Anm. d. Verl.) als ein Teil dieses Strebens ist für den Glauben wesentlich. Christliche Moral ist nicht einfach verfeinerte Humanität, sondern es ist ein Überfordertwerden durch Gott. »Seid vollkommen wie euer Vater im Himmel!« Christliche Sakramente sind nicht bloß Symbolik menschlicher Vervollkommnung, sondern der Untergang des alten Menschen, und die Schaffung des neuen in der Taufe zeigt die Einführung in eine völlig andere, dem naturhaften Menschen unzugängliche Welt.

Und damit vollends deutlich wird, wie blutig ernst Christus dieses Sterben meint, spricht er das Wort vom Weizenkorn in Verbundenheit mit seinem eigenen Kreuzestod. Es geht also nicht bloß um ein naturhaftes Sterben, sondern um das unnatürliche, gewaltsame Getötetwerden. Die katholische Aszese mit ihrer Forderung der Abtötung hat hier ihren Ursprung. Das Kreuz steht im Christentum nicht irgendwo am Rande, sondern in der Mitte. Die Verbundenheit der Rebzweige mit dem Weinstock ist eine Verbundenheit der Christen mit dem gekreuzigten Herrn. Darum fügt Jesus hinzu: »Wer sein Leben liebt, verliert es. Wer sein Leben in dieser Welt hasst, rettet es für das ewige Leben.« Es geht also nicht um naturhafte Entfaltung des Ich und seiner Gaben des Geistes und des Herzens, sondern es geht um das Verlieren des Ich, ja geradezu um das Hassen des Ich. Nur der Untergang führt zur Rettung. Und so ist Christentum nicht eine Sache der Pädagogik und der Psychologie, sondern der Aszese, also nicht eine Sache der Selbstentfaltung, sondern der Selbstverleugnung. Die Gleichnisse vom Holz des Weinstocks und vom Holz des Kreuzes gehören zusammen. Damit ist gezeigt, dass es zwar organisches Wachstum ist, aus dem die wahre Fruchtbarkeit quillt, aber nicht an einem natürlichen

Organismus mit den natürlichen Gesetzen des Wachsens und Früchtetragens, sondern am mystischen Corpus Christi, mit dem Gesetz vom Kreuz und dem Geheimnis des Sterbens als Kraft zum Leben und zur Fruchtbarkeit.

Das Wort vom Weizenkorn bewahrheitet sich in der Lebenshaltung des Christen und in der Geschichte der Kirche Christi. Und dieses Wort wird seine letzte Erfüllung finden, wenn das Weizenkorn der Erde im Weltuntergang stirbt und die neue Erde als eine Neuschöpfung Gottes die Verwirklichung aller Paradiesträume bringt. Dann wird das Wort der Apokalypse gelten, dass der Baum des Lebens in allen zwölf Monaten Früchte trägt. Denn dann ist irdisches Leben durch das Sterben hindurch ins neue Leben der Unsterblichkeit umgewandelt. »Siehe, ich mache alles neu.«

DYNAMIK DES GOTTESREICHES

Sauerteig

Mt 13,33: Das Himmelreich ist einem Sauerteige gleich, den eine Frau nahm und unter drei Maß Mehl mengte, bis das Ganze durchsäuert war.

Zwei Extreme müssen vermieden werden: die Verweltlichung und die Entweltlichung des Christentums. Durch die Menschwerdung Gottes gehört das Christentum in die Welt. Jede Entweltlichung, mag sie noch so sehr unter dem Schein des Guten erstrebt werden, ist Widerspruch zum Mensch gewordenen Gott und somit Widerspruch zum Wesen des Christentums. Damit ist die Gefahr der Verweltlichung gegeben. In Christus hebt die Gottheit seiner Person diese Gefahr auf. In den Christen dagegen kommt zum Menschlichen auch das allzu Menschliche, und darum muss von Zeit zu Zeit immer wieder eine Entflechtung aus falscher Verflochtenheit vorgenommen werden.

Sowohl für die Verweltlichung wie auch für die Entweltlichung bieten Geschichte und Gegenwart reiches Anschauungsmaterial.

Die *Verweltlichung* hat sich immer wieder gezeigt bei der Verstrickung in Politik durch Schicksalsgemeinschaft mit Königen, Parteien, Armeen, durch die Verquickung von Thron und Altar, durch falsches Vertrauen auf Machtmittel, diplomatische Beziehungen und allerhöchste Protektion. Verweltlichung liegt auch vor bei einem zu starken Abstellen auf bestimmte soziale Schichten, etwa auf den Adel oder den Mittelstand, auf das Bürgertum oder die Arbeiterschaft. Linkskatholizismus und Rechtskatholizismus sind beide in ihrer Einseitigkeit gefährlich. Verweltlichung gab es auch im geistigen Leben durch ein zu starres Festhalten an einem falschen astronomischen geozentrischen Weltbild, falschen Meinungen über die Geschichte der Biologie, falschen Auffassungen über das Alter der Erde und der Menschheit und dergleichen. Nationalismus christlicher Missionare, Verbürgerlichung christlicher Lebensformen, Rationalismus in der Theologie, Verabsolutierung bestimmter Kunstrichtungen sind lauter Verflechtungen mit der Welt, die dem Christentum schaden.

Aber auch die *Entweltlichung* ist eine Gefahr. Und sie ist heute die größere. Christentum und Welt liegen zu weit auseinander.

Vonseiten mancher Vertreter des Christentums spielen falsche Ideen und Theorien dabei eine Rolle, etwa ein übertriebener Eschatologismus (Betonung der Bibelstellen, die auf die Wiederkunft Christi verweisen, Anm. d. Verl.), ein einseitiger Liturgizismus und eine falsche Mystik der bloßen Innerlichkeit. Zu den irrtümlichen Theorien kommt eine falsche seelische Haltung der Weltflucht aus lauter Sorge, den weißen Mantel Kassians unbefleckt zu bewahren, wo doch der schmutzige Rock des heiligen Nikolaus an der Himmelspforte bessere Aufnahme findet. Oder eine falsche Weltangst aus dem Gedanken, dass die Welt ja doch des Teufels sei. Oder eine unchristliche Weltverachtung, die alles »Mondäne« nur als Eitelkeit der Eitelkeiten ablehnt.

Aber auch vonseiten der Welt werden hier falsche Theorien sichtbar. Eine falsche Auffassung von Kultur und Fortschritt, die nur auf das Äußere der technischen Entwicklung, des materiellen Wohlstandes und der äußeren Zivilisation achtet. Ein falscher Begriff von Humanismus und Humanität, der den Menschen zur Mitte und zum Maß aller Dinge macht. Eine falsche Auffassung über die entscheidenden Faktoren der geschichtlichen Entwicklung im Marxismus. Eine falsche Theorie staatlicher Souveränität als alleiniger Kompetenz zur Setzung des

Rechtes. Auch hier gibt es neben den falschen Ideen eine falsche Haltung, etwa der Angst vor der Macht der Kirche oder einer trügerischen Hoffnung auf irdische Paradiese usw.

So sind weithin Kirche und Staat, Religion und Kultur, Christentum und Welt völlig voneinander getrennt, zum Nachteil beider.

Hier setzt das Gleichnis vom Sauerteig ein. Der Sauerteig, im Küchenschrank wohlverschlossen, nützt nichts. Und die Teigmasse in der Schüssel nützt ebenso wenig. Nur wenn beide verbunden sind, wenn der Sauerteig in der Teigmasse ist, kommt das gute Brot zustande. So muss das Christentum das Ferment der Welt sein. Es ist genau das, was Pius XII. mit der Formel ausdrückt: »Die Kirche ist das Lebensprinzip der menschlichen Gesellschaft!«, also das, was die Seele im Leib ist, die belebende, formende Kraft.

Die Kirche als Ganzes muss mitten in der neuheidnischen Welt stehen, um formend und gestaltend in ihr zu wirken. Es gibt kein Sicheinschließen in eine katholische Klausur, keinen Rückzug in katholische Türme. Christus sendet die Lämmer unter die Wölfe, die Minorität mitten hinein in die überwältigende heidnische Majorität im Vertrauen auf die Kraft des Heiligen Geistes. Darum ist die Auseinandersetzung mit moderner Philosophie, die Mitarbeit an der Lösung sozialer Aufgaben, die Mithilfe am Aufbau einer neuen Völkergemeinschaft, der Einsatz christlicher Ideen, Kräfte, Persönlichkeiten im Film, im Theater eine Notwendigkeit. Gewiss ist das Christentum nicht von dieser Welt, aber es ist mitten in ihr, und zwar nicht als völliger Fremdkörper, sondern als die Macht, die eine säkularisierte, also entgöttlichte Welt heimholt zu Gott und ihr durch die Gottverbundenheit ihr ureigenstes Wesen wieder zurückgibt.

Die Parabel gilt aber auch innerhalb der Kirche. Wir haben Jahre und Jahrzehnte lang von der Elitebildung und Kaderschulung im katholischen Lager gesprochen, haben in allen Schichten der Bevölkerung die Besten ausgesucht, um sie in Arbeitskreisen, Schulungskursen, Studienwochen, Exerzitien, Marianischen Kongregationen, Zirkeln, Ferienlagern zu schulen und zu formen. Wir haben daneben auch immer wieder den Blick für die Masse gehabt durch Kundgebungen, Tagungen, Kongresse, durch Massenorganisationen und für die Masse bestimmte Zeitungen und Zeitschriften. Aber wir haben die beiden Elemente noch nicht richtig und restlos zusammengebracht. Der Sauerteig ist zu wenig in der Teigmasse. Die Elite sondert sich ab. Die Masse ist sich selbst überlassen. Mit Inzucht und Selbstgenügsamkeit, mit Getto-Mentalität und vornehmer Distanz, mit esoterischen Grüpplein erlesener Geistigkeit ist das Gleichnis vom Sauerteig nicht verwirklicht. Ein Offizierskorps ohne Armee, Kapitäne ohne Schiffe helfen so wenig wie die Armee ohne Führung und eine ganze Flotte ohne Steuerung. Nur wo die Elite formend in der Masse steht, ist das Gleichnis des Herrn verwirklicht.

Wir müssen mit dem Gleichnis vom Sauerteig ernst machen, theoretisch durch eine richtige Lehre über das Verhältnis von Natur und Übernatur, praktisch in der richtigen Haltung eines Sendungsbewusstseins und einer richtigen Methode des Apostolates. Wenn der Papst die Laien ruft und eigene Laienorden schafft, wenn Priester wieder den Kontakt mit der proletarischen Bevölkerung suchen, ist es ein gutes Zeichen, dass Klerus und Laien sich gemeinsam bemühen, als Sauerteig Christi in die Teigmasse der modernen Welt hineinzukommen.

Nicht ein verweltlichtes Christentum und nicht ein weltfremdes, aber auch nicht eine christusferne Welt, sondern nur eine verchristlichte Welt gibt Hoffnung auf eine bessere Zukunft.

WERT DES GOTTESREICHES

VOM AUCH-CHRISTENTUM

Der Schatz im Acker

Mt 13,44: Das Himmelreich ist gleich einem Schatze, der im Acker verborgen ist. Den findet ein Mensch und verbirgt ihn. In seiner Freude geht er hin, verkauft alles, was er hat, und kauft jenen Acker.

Das Öchslein zog diesmal besonders kräftig, beinahe mutwillig. Darum drückte der Fellache seine Pflugschar tiefer als sonst in den Ackerboden und zog Furche um Furche, bis die Arbeit plötzlich durch ein hartes, metallisches Geräusch unterbrochen wurde. Unwillkürlich blieb das Tier stehen. Der Mann hob den primitiven Pflug beiseite, grub mit der Hand die Erde aus und fand zu seiner maßlosen Überraschung einen großen, schweren irdenen Topf, der bis zum Rande mit Geldstücken und kostbarem Schmuck gefüllt war. Blitzende Silberstücke und gleißendes Gold. Wie berauscht wühlte er eine Weile darin, ließ die Münzen durch seine Finger gleiten, bewunderte seltsame Ohrgehänge und kostbare Armspangen. Dann schaute er sich sorgsam um, ob ihn niemand beobachtet habe, schüttete die Erde wieder darüber, zog vorsichtig wie zum Schein eine leichte Furche über die Oberfläche, legte einen größeren Stein als Kennzeichen hin und pflügte das Äckerlein zu Ende. Ein einziger Gedanke erfüllte ihn nun, ließ ihn bei Tag nicht mehr ruhig arbeiten und bei Nacht nicht mehr schlafen! Dieser Acker musste sein Eigentum werden. Solange er nur angestellter Taglöhner war, konnte er sich den vergrabenen Schatz unmöglich aneignen. Aber woher das Geld nehmen, um den Acker zu kaufen? Schließlich veräußerte er seine ganze Habe, verkaufte seine Hütte, die paar Hühner und Schafe, die er besaß, borgte noch bei Freunden und Bekannten, bis er so viel flüssiges Geld beisammenhatte, dass er dem Eigentümer einen Liebhaberpreis für den Acker bezahlen konnte. Seine Frau war untröstlich. Die Söhne machten ihm Vorwürfe. Die Nachbarn schüttelten die Köpfe. Er schien ihnen nicht mehr recht bei Sinnen. Aber alles war ihm gleichgültig, denn nur er kannte sein Geheimnis. Schließlich wurde der Acker sein Eigen und damit der darin vergrabene Schatz, den man offenbar vor dem letzten Krieg in Sicherheit gebracht hatte und dessen Eigentümer den Krieg nicht überlebt hatten. Damit hatte er nun das Hundertfache, konnte alle Schulden bezahlen, ein größeres Haus bauen und war ein gemachter Mann, beneidet von den Feinden, beglückwünscht von den Freunden, gesichert fürs ganze Leben.

Christus vergleicht das Finden des Himmelreiches mit dem Finden eines solchen Schatzes. Der Wert des Himmelreiches ist so hoch, dass sich jedes Opfer und jeder Einsatz lohnt. Wer erfasst hat, was das Himmelreich ist, dem wird alles andere nebensächlich. Er kann nur noch von diesem einen Gedanken erfüllt und beseelt sein. Es müssen bei ihm alle Linien auf diesen einen Punkt hinlaufen und alle Bestrebungen sich auf dieses eine Ziel richten, es muss das ganze Leben von diesem einen Geheimnis erfüllt sein: der Wirklichkeit des Reiches Gottes. Das Reich Gottes hat Ewigkeitscharakter, während alles andere vergeht. Es macht den Menschen zu einem Sohn Gottes, zu einem Bruder Christi, gibt ihm Bürgerrecht im Reich des Vaters im Himmel. Vermittelt ihm völlig neue Aussichten, die sonst auch den größten Gelehrten und klügsten Menschen verschlossen sind. Stattet ihn mit neuen Kräften aus, durch die sein ganzes Tun auf eine höhere Ebene gehoben ist und vor Gott überhaupt erst sinnvoll wird. Gibt ihm eine letzte innere Sicherung, die alle Lebensangst bannt. Stellt sein Verhältnis zu den Mitmenschen in ein völlig neues Licht. Mit einem Wort: Er wird in ein neues, überirdisches Leben gehoben und sein ganzes irdisches Leben wird umgewandelt. Nichts lässt sich mit dem Reich Gottes vergleichen. Sein Wert geht über alle Werte. Alle Maßstäbe versagen an dieser Unendlichkeit. Alle Waagschalen schnellen hinunter. Alles Rechnen hört auf. Das Reich Gottes ist eben göttlich und damit das Hineinbrechen des Göttlichen ins menschliche Dasein. Das Erfasst- und Erfülltwerden der menschlichen Existenz durch das ganz Andere, Göttliche. Ist da irgendein Einsatz zu groß? Ein Wagnis zu kühn? Ein Opfer zu schmerzlich?

Da ist ein Auch-Christentum nicht mehr möglich. Man kann nicht mehr ein flüchtiges Morgen- und Abendgebet verrichten und tagsüber das Reich Gottes völlig aus dem Auge verlieren. Es ist nicht mehr möglich, am Sonntag für das Reich Gottes eine stille Messe abzustehen und eine Predigt über sich ergehen zu lassen, um dann während der ganzen Woche sich mit keinem Gedanken mehr an das Reich Gottes zu erinnern. Es ist undenkbar, völlig in der Berufsarbeit aufzugehen, aus bloßem Gewinnstreben oder in Erwartung abendlicher Entspannung und vergnügter Weekends, und die Sorge für das Reich Gottes erst am Lebensende aufzugreifen. Das Auch-Christentum hat nie erfasst, worum es im Christentum geht. Der wirkliche Christ hat ein Geheimnis, das Außenstehende nicht verstehen. Märtyrer haben ihr Leben drangegeben. Tausende lassen ihr Hab und Gut konfiszieren, opfern Heimat und Familie, die Karriere, die Stellung, den guten Namen und alles um des Reiches Gottes willen. Andere mögen darüber den Kopf schütteln, Vorwürfe machen, Bedenken äußern, Einwände erheben. Sie kennen eben das Geheimnis nicht. Der kostbare Schatz ist vor ihren Augen verborgen. Sie sehen nur den Ackerboden und wissen nicht, was er birgt. Nur das sichtbare Äußere, Materielle des Lebens ist für sie eine Wirklichkeit. Das Hintergründige,

Göttliche des Gottesreiches ist ihnen eine unbekannte Größe. Der Christ weiß, worum es im Leben geht. Die anderen wissen es nicht. Darum ist seine Gesinnung, seine innere Einstellung, sein Urteil völlig anders. Er ist der Unverstandene, für viele Unbegreifliche. Und doch ist er der, der allein richtig begriffen hat, worum es eigentlich geht. Und er wird schließlich der Beneidete und Beglückwünschte sein. Wer es erfasst hat, der gibt, wie das Evangelium sagt, freudig alles hin. Der Auch-Christ opfert widerwillig. Der wirkliche Christ opfert freudig, denn er weiß, worum es geht. Er weiß, dass der größte Einsatz noch zu klein ist.

Durch die Menschwerdung Gottes in Jesus Christus ist das Reich Gottes im Acker dieser Welt und ihrer Zeitlichkeit als ein köstlicher Schatz vergraben worden. Es sind zu wenige, die ihn finden und aus dem Fund die Folgerungen ziehen.

Die kostbare Perle

Mt 13,45–46: Wiederum ist es mit dem Himmelreich, wie wenn ein Kaufmann schöne Perlen sucht. Hat er die eine kostbare Perle gefunden, dann geht er hin, verkauft all seinen Besitz, um sie dafür zu gewinnen.

Es gibt Menschen, welche die Religion als Last empfinden, Gottes Gesetz als ein Joch, unter das sie sich beugen müssen, und die Kirche als ein Gemäuer, das ihre Freiheit einengt. Sie sehen ein, dass alles so sein muss, weil Gott es so bestimmt hat. Sie fügen sich im Bewusstsein der Macht und Herrschaft Gottes. Von der Frohbotschaft ist dabei nichts zu spüren. Es ist Religiosität als ein Müssen.

Ganz anders das *Gleichnis von der kostbaren Perle*. Danach ist Gottes Reich etwas so Reiches, Schönes, Strahlendes, dass der Mensch freudig alles andere hingibt, um dieses eine zu gewinnen.

Das Gottesreich ist etwas Ewiges. Alles andere ist zeitgebunden, befristet, dem Verfall ausgeliefert und mit dem Tode gezeichnet, lohnt also den letzten Einsatz überhaupt nicht.

Und das Reich Gottes ist Seligkeit, Glück, Freude, Jubel. Daher die Bilder vom Kleinod, vom Hochzeitsmahl, vom blühenden Strauch. Der Mensch ist aber zur Freude erschaffen. Wenn ihm also eine Freude ohne Ende winkt, wird von diesem Licht und Glanz alles so überblendet, dass daneben nichts mehr aufkommt. Was besagt schon Vermögensverlust, wenn dadurch der Reichtum Gottes gewonnen wird! Was besagt das Opfer des Lebens, wenn es gegen ewiges Leben eingetauscht wird! Bemalte Glasscherben gegen die kostbare Perle! Schrumpfende Scheingröße weicht der Unendlichkeit Gottes und der wahren menschlichen Größe durch Gott. Welkende Schönheit wird abgelöst von der unvergänglichen Schönheit des verklärten Leibes und des von der Liebe Gottes durchfluteten Herzens.

Religion ist also nicht ein Müssen, sondern ein Dürfen. Gottes Gesetz ist nur dann ein Joch, wenn der Mensch nicht von der inneren Freiheit der Kinder Gottes erfüllt ist. Kirche ist nur Einengung für den, der unbedingt in die Irre gehen will. Wer aber in Gott lebt, dem ist Religion Freude und Freiheit.

Freilich muss der Blick des Glaubens da sein, sonst geht das dem Menschen nicht auf. Wer nie die Herrlichkeit des Hochgebirges geschaut, wird sich in der Bretterhütte des dunklen Tales wohler fühlen. Wer nie auf die hohe See gefahren ist, wird im kleinen Teich eine scheinzufriedene Existenz führen, bis er eines Tages der Berge und des Meeres Größe und Schönheit sieht und zugleich erkennt, dass er sich selbst den Zugang verrammelt hat. Wer die kostbare Perle einmal geschaut hat, den lässt sie nicht mehr in Ruhe. Diese Unruhe ist eine besondere Gnade. Erst wenn die Menschen das Christentum nicht mehr als ein hartes »Du sollst«, als auswendig gelernte Katechismusformel, als moralische Schikane, als eine von den Vorfahren übernommene Hypothek empfinden, sondern als Ruf zur Höhe, als Schritt in die Freiheit, als Brautschaft mit Gott, wird das religiöse Bewusstsein wieder lebendig, das im Evangelium spürbar ist und das der Christenheit die welterobernde, stürmisch mitreißende, umwandelnde und unbesiegliche Kraft gibt. Wir müssen die kostbare Perle wieder in ihrer funkelnden Schönheit blitzen und leuchten lassen. Ein Christentum, das nichts Sprühendes hat, hat das Gleichnis von der kostbaren Perle nicht verstanden.

II. TEIL

MENSCHLICHES IM REICH GOTTES

BITTEN

Das Gleichnis vom zudringlichen Freund

Lk 11,5–13: Gesetzt, einer von euch hat einen Freund. Dieser kommt mitten in der Nacht zu ihm mit der Bitte: Freund, leihe mir drei Brote, denn ein Freund von mir ist auf der Reise zu mir gekommen, aber ich habe ihm nichts vorzusetzen. Jener antwortet von innen: Fall mir nicht lästig; denn die Türe ist schon geschlossen, und meine Kinder sind schon bei mir in der Schlafkammer; ich kann nicht aufstehen und dir etwas geben. Ich sage euch: Wenn er auch nicht um dessentwillen, weil er sein Freund ist, aufsteht und ihm etwas gibt, so wird er doch wegen seiner Zudringlichkeit aufstehen und ihm geben, was er nötig hat. Deswegen sage ich euch: Bittet, und es wird euch gegeben werden; suchet, und ihr werdet finden; klopfet an, und es wird euch aufgetan werden. Denn, wer bittet, empfängt, wer sucht, findet, und dem, der anklopft, wird aufgetan werden. Wenn einer von euch seinen Vater um ein Brot bittet, wird er ihm etwa einen Stein geben? Oder um einen Fisch – wird er ihm statt des Fisches eine Schlange geben? Oder wenn er um ein Ei bittet, wird er ihm einen Skorpion reichen? Wenn nun ihr, die ihr doch böse seid, euren Kindern gute Gaben zu geben wisst, wie viel mehr wird euer Vater vom Himmel her den Heiligen Geist denen geben, die ihn darum bitten.

Das Gleichnis vom gottlosen Richter

Lk 18,1–8: Um ihnen zu zeigen, dass man allezeit beten müsse und nicht nachlassen dürfe, trug er ihnen folgendes Gleichnis vor: In einer Stadt lebte ein Richter, der Gott nicht fürchtete und nach keinem Menschen etwas fragte. In jener Stadt war eine Witwe, die zu ihm ging und sagte: Schaffe mir Recht gegen meinen Widersacher! Lange Zeit wollte er nicht. Hernach aber sagte er sich: Zwar fürchte ich Gott nicht und frage nach keinem Menschen etwas; weil mir aber diese Witwe lästig fällt, will ich ihr doch zum Recht verhelfen; sonst kommt sie am Ende noch und schlägt mir ins Gesicht. Der Herr fuhr fort: Hört, was der ungerechte Richter sagt! Gott aber sollte seinen Auserwählten nicht Recht schaffen, die doch Tag und Nacht zu ihm rufen, und sie lange warten lassen? Ich sage euch: Er wird ihnen ohne Verzug zu ihrem Recht verhelfen.

In mehreren Gleichnissen kommt Christus aufs Bittgebet zu sprechen. Es geht dabei um eine Verheißung und um eine Forderung.

Die *Verheißung zuerst*: »Wer bittet, der empfängt. Wer sucht, der findet. Wer anklopft, dem wird aufgetan.« Diese Verheißung erläutert Christus mit dem Beispiel des Kindes, das um Brot bittet und dem man bestimmt keinen Stein gibt. Oder um einen Fisch bittet und gewiss keine Schlange empfängt. Oder um ein Ei bittet und sicher nicht einen Skorpion erhält. Sind schon die Menschen so, wie erst Gott! Mit einem unerbittlichen Sinn für die Wirklichkeit fügt Christus hinzu: »Ihr Menschen, die ihr doch böse seid, gebt euren Kindern nur Gutes.« Er, der um das Böse weiß, weiß auch um das Gute. Er, der das Herz menschlicher Väter kennt, kennt erst recht das Herz seines himmlischen Vaters. Gott ist die Liebe. Ein bittender Anruf an diese Liebe wird keine verschlossene Tür finden.

Aber beweist nicht die Erfahrung das Gegenteil? Tausende von Bitten bleiben unerhört. Würgende Enttäuschung ist das

Ergebnis. Muss man nicht irrewerden an der Verheißung Christi, wenn man sie mit den Erfahrungen des täglichen Lebens vergleicht? Erhörung und Erfüllung ist verheißen. Nichterhörung und Nichterfüllung ist die Wirklichkeit. Aber Christus fügte hinzu: »Wie viel mehr wird der himmlische Vater den Heiligen Geist denen geben, die ihn darum bitten!« (Lk 11,13). Das ist das Entscheidende. Es geht beim Gebet nicht in erster Linie um gutes Wetter, Gesundheit, Hilfe in finanziellen Nöten und dergleichen, sondern es geht in erster Linie um das, was bleibt und in den Augen Gottes wichtig ist. Es geht um den Heiligen Geist. Wer darum bittet, empfängt. Das heißt nicht, dass andere Bitten unerhört bleiben. Aber sie finden nur dann Erhörung, wenn es für das Heil des Menschen gut ist, das heißt, wenn die Erfüllung mit dem Heiligen Geist vereinbar ist. So soll der Bittende seinen Geist mit dem Geist Gottes in Einklang bringen. Er soll das erbitten, was dem Willen Gottes entspricht, dann ist er der Erhörung gewiss.

Dann aber kommt als Zweites die *Forderung*. Sie lautet: »Betet, ohne nachzulassen.« Auch das wird durch ein Gleichnis erläutert. Wer mitten in der Nacht den Freund um Hilfe bittet und zuerst taube Ohren findet, wird schließlich erhört, wenn er nicht nachlässt (vgl. Lk 11,5). Die Situation wird köstlich gezeichnet. Der Freund ist bereits schlafen gegangen. Seine Kinder mit ihm im gleichen Raum, dazu das Federvieh und Ziegen und Schafe. Eine Menge Dinge liegen herum. Der schwere Balken ist vor das Tor gestoßen, um es zu verrammeln. Ein Öffnen weckt alle auf und bringt alles durcheinander. Trotzdem wird der Freund aufstehen und alle Unannehmlichkeiten in Kauf nehmen, um wieder Ruhe zu bekommen.

Der gleiche Gedanke wird in einem ebenso drastischen Gleichnis geschildert. Ein Richter, der weder Gott noch die Menschen fürchtet, lässt sich gegen seinen Willen und all seine Gewohnheiten schließlich dazu bringen, den Prozess der Witwe, von dem er weder finanziell etwas erhoffen noch einen

Prestigegewinn erzielen kann, zu übernehmen und durchzuführen, und zwar lediglich, weil die Frau mit ihrer ewigen Drängerei ihm derart auf die Nerven geht und er sie nicht anders loswerden kann, als dass er ihre Bitte erfüllt (vgl. Lk 18,2). Der Gedanke ist in beiden Gleichnissen derselbe. Man muss immer wieder bitten und mit Bitten nicht nachlassen.

Die richtige Haltung ist aber nur dann vorhanden, wenn *beides zur Einheit verbunden wird*, der Gedanke an die Verheißung und die Erfüllung der Forderung. Das bedeutet ständiges, unermüdliches, wiederholtes Bitten, aber nicht in verzweifelter Angst, sondern im ruhigen Vertrauen auf Gottes Güte und im Bewusstsein der Geborgenheit in Gottes Liebe. Vertrauen und Bitte müssen zur Einheit werden. Das bindet den Menschen an Gott, lässt ihn alles im Lichte Gottes schauen, von der Güte Gottes erwarten, aus den Händen Gottes empfangen, nach dem Willen Gottes gebrauchen und zur Ehre Gottes beenden. Gebet wird damit Hilfe für den Menschen und Verherrlichung für Gott.

Die Kirche hat in ihrem Rituale Segnungsformeln für alle möglichen Dinge: für Brot und Wein, für Salz und Wasser, für Tiere und Blumen und Häuser, für Automobile und Flugzeuge, für Kleider und für Ställe. Der ganze Hausrat des Lebens ist in diese Segnungen einbezogen, denn alles soll dem Menschen dienen und helfen auf seinem Weg zu Gott. Ist so von oben her alles mit dem Segen Gottes bedacht, so soll auch von unten her, durch den Menschen, alles bittend Gott unterstellt werden. Das Gebet ist nicht bloß weltentrückte Kontemplation, erdferne Beschauung, sondern es darf und soll alles ins Gebet einbezogen werden, was den Menschen in seinem Alltag beschäftigt: die Sorge für Haus und Feld, für Nahrung und Kleidung, für Gesundheit und Fortschritt, für Studium und Abspannung. Alles, was zum Menschenleben gehört, soll durch das Bittgebet in die Gottbezogenheit eingefügt werden. Dann ist es von oben her gesegnet und von unten her Gott geweiht. Das Leben wird zur

Einheit in Gott. Und die Frömmigkeit wird im guten Sinne des Wortes alltäglich, weil sie alle Tage formt und alles heiligt, was den ganzen Tag über dem Menschen begegnet. Und all das ist durch richtige innere Gebetshaltung eingebaut und eingebettet in den Heiligen Geist als das Wichtigste, das der Mensch braucht und ohne das alles andere sinnlos ist. Etwas Helles, Weites, Sonnig-Frohes und zugleich etwas, das alle Verkrampfung und Verzweiflung löst, alles Abfallen von Gott verunmöglicht, alle Zersplitterung überwindet, liegt in der Verheißung und Forderung des Bittgebetes, wie sie aus den Gleichnissen des Herrn sich ergeben.

EMPFÄNGLICHKEIT

BEREITSCHAFT

Das Gleichnis vom Sämann

Mt 13,3–9: Siehe, ein Sämann ging aus, zu säen. Als er säte, fiel einiges an den Weg, und die Vögel kamen und pickten es auf. Anderes fiel auf steinigen Grund, wo es nicht viel Boden hatte, und es ging rasch auf, weil es keinen tiefen Grund hatte. Als aber die Sonne aufgegangen war, wurde es versengt und verdorrte, weil es keine Wurzel hatte. Wieder anderes fiel unter die Dornen, und die Dornen wuchsen mit auf und erstickten es. Anderes endlich fiel auf gutes Erdreich und brachte Frucht, einiges hundertfältige, anderes sechzigfältige. Wer Ohren hat, der höre!

Mt 13,18–23: So höret also ihr das Gleichnis vom Sämann. Wenn jemand das Wort vom Reiche hört und nicht versteht, so kommt der Böse und raubt, was in sein Herz gesät ward. Bei dem ist der Samen auf den Weg gesät worden. Bei wem aber auf steinigen Grund gesät ward, das ist der, welcher das Wort hört und es sogleich mit Freuden aufnimmt. Er hat aber keine Wurzel in sich, sondern ist ein wetterwendischer Mensch. Und wenn um des Wortes willen Trübsal und Verfolgung entstehen, so nimmt er gleich Anstoß. Bei wem unter die Dornen gesät ward, das ist jener, der das Wort hört, aber die Sorge dieser Welt und der Trug des Reichtums ersticken das Wort, und es bleibt ohne Frucht. Was endlich in das gute Erdreich gesät ward, das ist der, welcher das Wort hört und versteht und

Frucht bringt, hundertfältige oder sechzigfältige oder dreißigfältige (vgl. Lk 8,4–15).

Noch ist der zweite Sündenfall nicht erfolgt. Noch hat Israel den Messias nicht verworfen. Darum blaut noch ein wolkenloser Himmel über Land und Volk. Und darum hat die Stimme Jesu noch nicht den harten Klang des Kämpfers, der feindlichen Widerstand brechen muss, oder das hämmernde »Wehe« der Gerichtsreden. Seine Stimme klingt warm und voll und hat das lockende Werben der Liebe: Ein Sämann ging aus zu säen …

Und doch birgt dieses Gleichnis eine fast drohende Mahnung. Wohl gehen zurzeit die Wogen der Begeisterung hoch. Aber Christus weiß, dass auch auf diese Flut eine Ebbe folgt. Er sieht hinter jedem morgenfrischen Enthusiasmus die Krise des Mittags und die abendliche Müdigkeit. So will er rechtzeitig warnen und mahnen. Hingabe in steil ansteigender Kurve eines begeisterten Jawortes kann jählings abstürzen, wenn nicht eine wirklich grundsätzliche Entscheidung dahintersteht. Und nur eine solche kann man Glauben nennen. Solche Bereitschaft will sein Gleichnis fordern. Nicht zufällig nennt er zuerst die *drei Gruppen des Versagens.*

An erster Stelle stehen die *Stumpfen.* Sie hören das Gotteswort nur äußerlich. Das innere Organ für alles Religiöse ist verkümmert. Das Wort Gottes spricht sie innerlich nicht an. Die jenseitige Welt scheint ihnen etwas Unwirkliches, für einen real denkenden Menschen nicht Existierendes. Die Erzählungen der Bibel sind schön für Kinder, aber nicht für Erwachsene. Christentum ist Krücke für Kranke. Wer auf eigenen Füßen stehen kann, meistert das Leben allein. Glaube ist überlebte Vorstellung für Hinterwäldler, mittelalterliches Überbleibsel. Schließlich kann man mit Religion keine Suppe kochen und keine Miete bezahlen und, jedenfalls heutzutage, keine Karriere machen. Die Muskeln entscheiden und die Intelligenz, die Tüchtigkeit und die Beziehungen, die Organisation und die stärkeren Bataillone.

Alles andere ist Opium für das Volk. Das Wort Gottes mag für andere etwas sein. Für sie ist es nichts. So dringt es nicht ins Innere. Es trifft höchstens äußerlich und gleitet unbeachtet ab. Die Zahl dieser Stumpfen ist Legion.

An zweiter Stelle nennt Christus die *Oberflächlichen*. Es sind die filmischen Menschen. Alles huscht an ihnen vorüber, flitzt über sie hinweg. Sie sind sehr aufgeschlossen, nur zu sehr. Sie sind für alles empfänglich. Aber nichts bleibt haften. Nichts schlägt Wurzeln. Es fehlt ihnen die Tiefe und die eigentliche Resonanz. Sie sind Schmetterlingstypen, die an tausend Blütenkelchen nippen. Sanguinische Augenblicksmenschen, heute himmelhoch jauchzend, morgen zu Tode betrübt. Sie können am Morgen an offenen Gräbern weinen und am Nachmittag auf einer Hochzeitsfeier tanzen. Ihr Lachen verflattert rasch und ihre Tränen trocknen noch rascher. Sie richten sich nach der Mode und schwimmen mit dem Strom. Ihr jeweiliges Credo entnehmen sie dem Bestsellerroman des Jahres. Ihr oberstes Moralgebot lautet: *Keep smiling* (»Lächle weiter«, Anm. d. Verl.). Selbstverständlich haben sie auch Religion, denn sie sind immer wieder ergriffen, wenn sie den feierlichen Klang von Kirchenglocken hören oder Beethovens *Missa solemnis* lauschen. In ihrem Salon hängt ein Madonnenbild und auf ihrem Bücherregal stehen die »Fioretti« des hl. Franz. Nur darf man sie keiner Belastungsprobe aussetzen. Ihr Glaube darf keine Opfer fordern. In Verfolgungszeiten verbrennen sie rechtzeitig ihre Gebetbücher und sie lassen sich auf keinen Fall in der Nähe einer Kirche sehen. Kommen dann wieder ruhigere Zeiten, kann man allenfalls Versäumtes nachholen, falls dann die Religion wieder zum guten Ton gehört. Und im Übrigen hat man ja auf dem Totenbett Zeit, über Dinge nachzudenken, die einen während des Lebens höchstens melancholisch machen. Wetterfahnen-Menschen, auf die kein Verlass ist. Ihre Zahl ist nicht zu berechnen.

An dritter Stelle stehen die *Besiegten*. Sie haben lange gekämpft und ehrlich gerungen. Denn der Glaube war ihnen

Gewissenssache. Sie haben ihn von einer guten Mutter empfangen, im Religionsunterricht entwickelt und in den ersten Stürmen des jungen Lebens tapfer verteidigt. Sie hatten Grundsätze und wollten danach leben. Aktives Christentum war ihnen selbstverständlich, ein Sonntag ohne Messe undenkbar. Es war keine Fassade und kein Tun-als-ob, sondern durchaus echt, kernig und verwurzelt. Aber schließlich ist man Mensch und lebt nicht in der guten alten Zeit. Man muss sich umtun. Muss sich beruflich durchsetzen. Muss vorwärtskommen. Muss im Wirtschaftsleben den Run mitmachen. Muss nach allen Seiten hin gesellschaftliche Beziehungen haben. Da bleibt nichts anderes übrig, als seine ganze Zeit und Kraft dem Ausbau der Existenz, der Entwicklung des Lebensstandards zu widmen. Wer nicht alle Kräfte verausgabt, kommt nicht mehr mit. Lange Zeit gehen innerliche Religion und äußerliches Leben noch nebeneinander. Aber das Äußerliche verschluckt immer mehr Zeit und Kraft, absorbiert die ganze Aufmerksamkeit. Die religiöse Welt wird farbloser, schwächer, rückt in immer weitere Ferne, meldet sich immer seltener zu Wort und erliegt schließlich still und unbesehen der geistigen Schwindsucht. Man trauert ihr gelegentlich noch nach, bis auch dieses Grab vergessen ist.

Wer wollte leugnen, dass diese drei Gruppen, die der Herr aufzählt, eine allzu traurige Wirklichkeit bilden? Am Sämann fehlt es nicht. Denn Christus schreitet über alle Lande und durch alle Jahrhunderte und streut in kühnem Wurf die Saat seiner Lehre. Am Saatkorn fehlt es ebenso wenig. Denn es sind die lebenskräftigen Körner der Gottesworte. Aber die Bereitschaft fehlt. Die richtige Empfänglichkeit ist nicht vorhanden. Am Menschen liegt's.

In jähem Wechsel stellt Christus gegen diese drei Gruppen von Versagern *die drei anderen Gruppen von Siegern.* An erster Stelle nennt er die *Hundertprozentigen.* Es sind die Ganzen und Ungeteilten, die Stilreinen, die Heiligen. Sie suchen zuerst das Reich Gottes. Alles andere kommt nachher. Sie handeln nach der richtigen Wertskala, in welcher Gott und Gottes Wille an erster Stelle stehen. Alles andere gilt als zweit- und drittrangig. Alles ist ausgerichtet auf Gott hin. Sie sind reine, ungetrübte Spiegel, die das ganze Licht Gottes auffangen und es strahlend zurückwerfen. Es sind Menschen der Jenseitshaltung, die unbeirrt durch die Vorräume dieser Zeitlichkeit wandern, deren Fuß nirgendwo haftet, die beschwingten, tapferen Schrittes aus den dunklen, dumpfen Tälern zum Licht hinschreiten. In allem suchen und finden sie Gott. Alles wird ihnen eine Verherrlichung des Herrn. Freuden des Lebens verdanken sie dem ewigen Verkünder der Frohbotschaft. Und wenn sie zu leiden haben, wissen sie, dass der Vater im Himmel ihnen den Kelch reicht, dessen Trank wohl bitter schmeckt, aber als Arznei die Seele stärkt und heilt, sodass sie auch deswegen den Vater preisen, der im Himmel ist. Es sind die Menschen der großen Fruchtbarkeit. Sie mögen, äußerlich gesehen, Misserfolge häufen. In Wirklichkeit gerät unter ihren Händen alles für das ewige Leben. Volle Garben tragen sie in die Scheunen Gottes. Es sind die Menschen der seelischen Fülle, die klaren Geister und großen Herzen, die Wagemutigen, die alles auf die eine Karte gesetzt haben. Sie gewinnen das Spiel.

Auch die *Menschen der sechzigfachen Frucht* werden vom Herrn gelobt. In ihrem Leben geistern Schatten. Sie haben ihre Defizitposten. Verwundet kehren sie aus der Schlacht zurück. Aber sie haben gesiegt. Das Licht ist in ihrem Leben stärker geworden als die Finsternis. Und es hat schließlich alles Gewölk geteilt und den ewigen Frühling gesichert. Sie sind keine Gnadenkinder der selbstverständlichen Heiligkeit. Es sind Ringende und Reifende. Oft genug drohte ihnen beim Schwimmen gegen den Strom der Atem auszugehen. Aber sie haben immer wieder auf Gott geschaut und sich an Gott gewandt. Haben immer wieder mit der Gnade mitgewirkt. So sind ihre Äcker reife Kornfelder geworden und sie jauchzen am Tag der Ernte.

Selbst die dritte Gruppe wird vom Herrn mit freudigen Worten der Anerkennung bedacht, *die Menschen dreißigfacher Frucht.* Ihr Christentum im Alltag war ein Auf und Ab. Ihr religiöses Leben hatte seine Gezeiten, seine *Baissen* und *Haussen* (*Baisse* bezeichnet an der Börse sinkende Kurse oder Preise. Das Gegenteil der *Baisse* ist die *Hausse,* Anm. d. Verl.), seine Rückschläge und Fortschritte. Helllichte Tage standen neben dunklen Nächten. Es war keineswegs selbstverständlich, dass alles zu einem guten Ende gelangen würde. Die Umgebung hat auf sie abgefärbt. Nur langsam streifen sie die zähe, lehmige Masse des Schollenmenschen von ihren Füßen. Aber sie haben sich an Christus gehalten und auf ihn vertraut. Seine Worte waren ihr Licht, seine Gnade ihre Kraft, seine Herrlichkeit ihre Hoffnung, seine Kirche ihre Arche in der Sintflut. So kommen sie an die Ufer Gottes und sehen staunend, dass der Herr ihr Werk gesegnet hat.

Die Gruppen der Neinsager, der Ablehner, der Verschlossenen und Verkrusteten, und die Gruppen der Jasager, der Geöffneten, der Bereiten, stehen sich gegenüber. Fruchtloses Tun ist der äußere Aktivismus der einen, fruchtbeladen das unscheinbare Leben der anderen. Beiden ist die Gnade angeboten. Beide sind Ackerboden, auf den die Saat Gottes fällt. Aber nicht beide sind bereit. Bereitschaft ist alles.

JA UND NEIN

Die Einladung zum Mahl. Das Gleichnis vom Hochzeitsmahl

Mt 22,2–14: Das Himmelreich ist einem Könige gleich, der seinem Sohne Hochzeit hielt. Er sandte seine Knechte aus, um die zur Hochzeit Geladenen zu rufen; aber sie wollten nicht kommen. Wiederum sandte er andere Knechte aus und sprach: Sagt den Geladenen: Sehet, mein Mahl habe ich bereitet, meine

Ochsen und das Mastvieh sind geschlachtet, und alles ist bereit. Kommt zur Hochzeit! Sie aber achteten nicht darauf und gingen ihre Wege, der eine auf seinen eigenen Acker, der andere zu seinem Geschäft. Die übrigen aber ergriffen seine Knechte, behandelten sie schmählich und töteten sie. Da der König dies hörte, wurde er zornig, schickte seine Heere aus, ließ jene Mörder umbringen und ihre Stadt in Brand stecken. Dann sprach er zu seinen Knechten: Die Hochzeit ist zwar bereitet, aber die Geladenen waren nicht würdig. Geht also hinaus an die Straßenecken und ladet zur Hochzeit, wen ihr findet. Seine Knechte gingen hinaus auf die Straßen und brachten alle zusammen, die sie fanden, Gute und Böse, und der Hochzeitssaal wurde voll von Gästen. Der König ging hinein, um sich die Gäste anzusehen, und sah daselbst einen Menschen, der kein hochzeitliches Kleid anhatte. Und er sprach zu ihm: Freund, wie bist du da hereingekommen, da du kein hochzeitliches Kleid anhast? Dieser aber verstummte. Da sprach der König zu den Dienern: Bindet ihm Hände und Füße und werft ihn hinaus in die Finsternis draußen; da wird Heulen und Zähneknirschen sein. Denn viele sind berufen, wenige aber auserwählt.

Das Christentum ist keine harmlose Angelegenheit. Gnade ist zwar das größte Angebot, das je einem Menschen gemacht wurde oder gemacht werden kann. Aber eine Ablehnung ist Ablehnung Gottes und daher unausweichlich von schwerwiegendsten Folgen.

Das Gleichnis vom Hochzeitsmahl zeigt das in voller Deutlichkeit. Es geht im Gleichnis Jesu nicht um irgendeine beliebige Feier, sondern um die Hochzeit des Kronprinzen, also eine hochfeierliche Staatsangelegenheit, die nur alle paar Jahrzehnte einmal stattfindet. Eine Einladung bedeutet somit eine besondere Auszeichnung, und eine Ablehnung ist Majestätsbeleidigung, die der König nicht stillschweigend hinnehmen kann. Christus ist der einziggeborene Sohn Gottes. In seiner

Menschwerdung kommt er, um seine Braut, die heilige Kirche, zur Hochzeit zu rufen und die Menschen zur Feier zu laden. Die Parabel nennt vier Gruppen von Geladenen.

Die erste Gruppe sind die *Desinteressierten.* Es gibt solche auch bei der Einladung Gottes. Die Einladung ergeht mehrmals mit betonter Eindringlichkeit an sie. Aber Religion sagt ihnen nichts. Sie sind Realisten, für die nur das Irdische und Materielle eine Realität ist. Alles Ideelle ist für sie ein Luxusartikel, mit dem sie nichts anzufangen wissen. Gut für Nichtstuer, die nicht wissen, dass Zeit Geld ist. Der *Businessman* ist für sein Geschäft da. Er weiß, dass er die Zeit nutzen muss, um seine Position zu sichern und wirtschaftliche Vorteile zu erkämpfen. Das Christentum interessiert ihn nicht. Es gehört nicht in seine Welt. Es hat mit Börsenspekulation, Bankgeschäften, beruflichem Fortkommen und gesellschaftlicher Stellung nichts zu tun. Die Einladung bleibt unerledigt auf seinem Schreibtisch liegen oder wandert in den Papierkorb. In Wirklichkeit gibt es aber Gott gegenüber keine Gleichgültigkeit, denn Gott lässt sie nicht gelten. Wer sich um Christus nicht kümmert, kommt nicht ins Reich Gottes, ist also einer, der draußen steht und dementsprechend auch draußen bleibt. Das Endurteil des Herrn wird lauten: Ich kenne euch nicht! Draußengebliebene gehören schließlich zu den Verworfenen.

Die zweite Gruppe sind die *Menschen der Opposition.* Im Gleichnis bringen sie die Überbringer der Einladung kurzerhand um. Sie halten es weder mit dem regierenden Herrscher noch mit dem Thronerben. Ihr Vorgehen ist somit eine politische Aktion und Ausdruck revolutionärer Gesinnung. Sie stehen eindeutig im anderen Lager. Der Gewaltakt ist Ausdruck ihrer Einstellung. In der Frage des Gottesreiches sind es die militanten Atheisten, die Hasser des Christentums. Religion ist für sie keine gleichgültige Sache, sondern Opium für das Volk, ein Hindernis für den Aufstieg der Menschheit, ein Hemmschuh in der sozialen Entwicklung, ein Feind der eigentlichen Humanität, ein hinderndes Überbleibsel des abergläubischen Mittelalters, das nun endgültig liquidiert werden muss. So führen sie den Kampf in Wort und Schrift, schließen sich zu gemeinsamer Aktion zusammen und organisieren den Widerstand. In der Parabel lässt die Antwort des Königs nicht auf sich warten. Seine Truppen umzingeln den Sitz des feindlichen Widerstandes, machen ihn dem Erdboden gleich und töten den Feind. Es ist ein Bild der großen Abrechnung Christi am Ende der Zeiten. Die apokalyptischen Bilder vom Sturz Babylons und von der Vernichtung aller Anhänger Satans sind die Anwendung der Strafexpedition der Parabel auf die Wirklichkeit des Gottesreiches.

Die dritte Gruppe sind die *Ehrfurchtslosen*. Die Parabel zeichnet eine einzelne Gestalt als deren Vertreter. Der Mann, der von der Straße her zur Hochzeit geladen wurde und dem man in der Vorhalle ein Festgewand angeboten hat, ist der Überzeugung, dass seine Lumpen gut genug seien. Man solle ihn nehmen, wie er ist. Die Einladung sagt ihm nichts Besonderes. Auf das Geistige übertragen sind es die Menschen, die nicht wissen wollen, worum es bei Gott geht. Es fehlt ihnen die Furcht Gottes. Sie wissen nichts vom Schauer der Ehrfurcht. Gott ist ihnen etwas neben vielem anderen. Religiöses Leben ist etwas, dem man von Zeit zu Zeit, mehr gezwungen als freiwillig, Ausdruck gibt. Man geht am Morgen in die Sonntagsmesse, wie man zum Mittagessen ins Restaurant geht oder am Abend in ein Konzert und am Werktag ins Büro. Gott muss froh sein, wenn sie sich um ihn kümmern. Und die Kirche darf sich gratulieren, wenn sie der Einladung zum Gottesdienst Folge leisten. Es sind die Menschen, die nie richtig innerlich erfasst haben, was ein Anruf Gottes bedeutet. Der Unterschied zwischen Schöpfer und Geschöpf, Ewigkeit und Zeit, Unendlichkeit und Endlichkeit, Herr und Knecht ist ihnen nie richtig lebendig geworden. Sie reden über Religion, wie man über Politik, Geschäft und Sport redet. Darum bemühen sie sich auch in keiner Weise um eine entsprechende innere Haltung. Sie sehen nicht ein, dass ein Christ anders lebt als ein Nichtchrist. Weil ihnen Gott etwas Nebensächliches ist, kümmern sie sich auch nicht darum, ob sie in der Gnade des Herrn leben oder in der Sünde. Sie sind äußerlich Glieder der Kirche, Bürger im Reich Gottes, Zugehörige zur Hochzeit. Innerlich, in ihrem Denken und Lieben, im Geist und in der Gesinnung, gehören sie nicht zu Christus. Die Wirkung ist in der Parabel drastisch gezeigt. Es ist der Hinauswurf aus dem erleuchteten Festsaal in die Finsternis, aus der Freiheit in die Fesselung, aus der Erwählung in die Verwerfung. Äußere Zugehörigkeit zur Kirche Christi genügt nicht. Wenn die innere Umwandlung nicht erfolgt, endet alles im Hinauswurf.

Die vierte Gruppe sind die *eigentlichen Hochzeitsgäste*. Sie sind freilich merkwürdiger Herkunft: Tippelbrüder, Landstreicher, proletarisches Volk, Bettler und Nichtstuer von Hecken und Zäunen. Die Einladung war die große Überraschung ihres Lebens. Freudig haben sie Folge geleistet. Mit Schauern der Ehrfurcht haben sie den Palast betreten, mit kindlicher Freude das geschenkte Festgewand angezogen. Und nun sind sie auf der Hochzeitsfeier wie im Himmel. Nur eines fürchten sie: jemals wieder hinauszumüssen in den Schmutz und ins Elend, in die Kälte und Finsternis draußen. Es sind die Menschen der strahlenden Augen und dankbaren Herzen, die Menschen, die wissen, was Gnade ist und Berufung. Es ist der Mensch der Sünde, der in die Welt der Gnade gerufen wurde. Es ist der religiöse Mensch, der weiß, dass ohne Gott alles nichts ist, der die Berufung als frei geschenkte Gnade zu würdigen weiß und die schmerzliche Erfahrung eigener Schwäche und Sündhaftigkeit tief in sich trägt. Aber alles verliert sich im Glanz der festlichen Freude, denn er weiß, dass Christentum Hochzeitsfeier ist, die mit der Menschwerdung Gottes ihren Anfang nahm und die bei der Wiederkunft des Herrn ihre volle festliche Höhe erreicht mit einem Licht, das nicht mehr verlöscht, und einer Freude, die nicht mehr verklingt.

So fordert das Christentum eine Entscheidung mit einem Für oder Wider, einem Ja oder Nein. Es ist so wenig harmlos wie Gott. Es geht um das Letzte und Tiefste: um ewiges Sein oder Nichtsein.

SCHEIDUNG DER GEISTER

Tischgemeinschaft. Gleichnis vom Gastmahl

Lk 14,16–24: Ein Mann gab ein großes Gastmahl und lud viele dazu ein. Als die Stunde des Mahles gekommen war, schickte er seinen Knecht und ließ den Geladenen sagen: Kommt, alles steht bereit. Da begannen alle ohne Ausnahme, sich zu entschuldigen. Der erste ließ ihm sagen: Ich habe ein Landgut gekauft und muss notwendig hingehen, es zu besehen. Ich bitte dich, halte mich für entschuldigt. Ein anderer sagte: Ich habe fünf Paar Ochsen gekauft und muss hingehen, sie zu prüfen. Ich bitte dich, halte mich für entschuldigt. Noch ein anderer sagte: Ich habe mir eine Frau genommen und kann darum nicht kommen. Der Knecht kam zurück und berichtete dies seinem Herrn. Da wurde der Hausherr zornig und sagte zu seinem Knechte: Geh schnell auf die Straßen und Gassen der Stadt und hole die Armen und Krüppel, die Blinden und Lahmen hierher. Der Knecht meldete: Herr, dein Befehl ist ausgeführt, aber es ist noch Platz übrig. Da sagte der Herr zum Knechte: Geh an die Landwege und Zäune, und nötige sie hereinzukommen, damit mein Haus voll werde. Ich sage euch aber, keiner von jenen Männern, die geladen waren, wird mein Mahl kosten.

Die Einladung zu Tisch ist ein Zeichen besonderen Vertrauens, eine Art Aufnahme in den eigenen Familienkreis. Darum ist im Evangelium auffallend häufig vom Gastmahl die Rede. Bei einem solchen hat Christus sein erstes Wunder gewirkt. Bei einer Tischgemeinschaft hat er die großen Abschiedsreden gehalten, in der Tischgemeinschaft sich nach der Auferstehung den Seinen wieder gezeigt. Beim Mahl hat er sich den Emmausjüngern zu erkennen gegeben. Der Gottesdienst der Urkirche ist die Gemeinschaft des Liebesmahls und des eucharistischen Mahles. Denn die bleibende Verbindung Christi mit dem Christen ist jene Gemeinschaft, die im Liebesmahl der Eucharistie vollzogen wird. Der sonntägliche Gottesdienst ist Erinnerung und Erneuerung des Abschiedsmahles und des Opfermahles zugleich. So ist es nicht erstaunlich, dass Jesus auch das ewige Leben mit einem großen Gastmahl vergleicht. Bei einer Tischgemeinschaft hat er das Wort gesprochen: »Selig, wer am Mahl im Reiche Gottes teilnehmen wird.« Aber zugleich hat er auch zur Überraschung aller Tischgenossen in einem Gleichnis gesagt, wer an jenem Mahl zu finden ist und wer nicht.

Die *Ablehnenden* zeichnet er zuerst. Es sind vor allem jene, die im *Luxus* leben und darum kein Bedürfnis nach Religion haben. »Ich habe eine Villa gekauft und musste sie besichtigen.« Es sind die Menschen, die sich selbst genügen. Das Leben überschüttet sie mit seinen Gütern. So kommen sie in dieser äußeren Fülle kaum dazu, die innere Leere zu verspüren. Ein Hausball löst den anderen ab, eine Gartenparty die andere. Samstagabendanlässe, die bis in den Sonntag hinein dauern, verunmöglichen den Gottesdienstbesuch am Sonntagmorgen. Diese Menschen haben an sich nichts gegen die Religion, aber persönlich kommen sie ohne sie aus. Materieller Reichtum erstickt das Bewusstsein der Armut im Geiste. Die zweite Gruppe sind die *Vielbeschäftigten.* »Ich habe fünf Joch Ochsen gekauft und muss sie erproben.« Zeit ist Geld. Man muss auch den Sonntag benutzen, um Geschäftsfreunde zu besuchen und die kommende Woche vorzubereiten. Beim Wettlauf der Wirtschaft kommt nur mit, wer die Zeit zu nutzen weiß. Religion ist gut für Frau und Kind. Man wird außerdem auch persönlich im Alter darauf zurückkommen. Aber jetzt erfordert der Beruf den ganzen Einsatz.

Die dritte Gruppe sind die Menschen der *Sinnlichkeit.* »Ich habe eine Frau genommen und kann darum nicht kommen.« Der Sex-Appeal übertönt jeden höheren Ruf. Sie halten es mit dem Lebenskünstler von Weimar: »Ohne Wein und ohne Weiber hol' der Teufel unsere Leiber.« Jedes höhere Empfinden ist durch niedere Triebe abgestumpft. Religion ist gut für Kinder und Narren.

Bei allen drei Gruppen ist es der Materialismus, der vom Himmelreich fernhält, gleichgültig, ob er in der feineren oder gröberen Form vorliegt. Der Geist Gottes wird zurückgestellt hinter den materiellen Gewinn, Vorteil und Genuss. Gott kommt an zweiter Stelle oder überhaupt nicht. Sie vernehmen den Ruf, aber sie haben Entschuldigungen und haben Wichtigeres zu tun.

Die Schilderung der *Kommenden* ist aber noch seltsamer als die Zeichnung der Neinsager. Zwei Gruppen sind es. Die *erste Gruppe* sind die *»Bettler, Krüppel, Blinden und Lahmen«*. Die Menschen, die im Leben zu kurz kommen, die Benachteiligten, die Geschlagenen, vom Schicksal Gezeichneten, sind für den Ruf von oben empfänglicher. Sie haben von der Erde nichts zu erhoffen und blicken darum eher auf zum Himmel. Das zeitliche Leben bringt ihnen nur Qual. So hoffen sie auf das ewige, das ihnen Glück und Seligkeit bringen soll. Das Leiden ist eine Pflugschar, die den Acker der Seele aufreißt. Die Not erkennt die Religion als das Notwendige, das die Not wendet.

Ist somit Religion nur Krücke für Kranke? Trost für die, die auf der Strecke geblieben sind? Keineswegs! Christus meint mit seiner Zeichnung nicht nur und nicht in erster Linie das körperliche Elend. Er denkt an die geistigen *»Bettler«*. Es sind die Menschen, die sich ihrer Armut im Geiste bewusst sind und wissen, dass das Entscheidende Gnade ist, um die man als Bettler nur bitten kann. Selbstbewusstes Herrenmenschentum ist Selbsttäuschung. Demütiges Wissen um eigene Armseligkeit ist

Wahrheit. Darum sind die geistigen Mendikanten (Angehörige eines Bettelordens, Anm. d. Verl.) zum Herrenmahl gerufen.

Die *Krüppel* sind die Menschen, die um die Wirkung der Sünde wissen. Der Mensch kann nun einmal, ob er es einsieht oder nicht, eingesteht oder nicht, aus eigenen Kräften im Entscheidenden nicht richtig erkennen und auf die Dauer nicht richtig wollen. Er ist auf Gottes Gnade und Kraft angewiesen. So weiß er um die Krüppelhaftigkeit des gefallenen Menschen und sucht beim helfenden Gott Heil und Heilung.

Die *Blinden* sind die Menschen, die wissen, dass wir nichts wissen können. Denn wenn wir ins Entscheidende, ins Licht Gottes hineinschauen, sind wir erst recht geblendet. Sieht man somit nur das Irdische, so ist man blind für Gott. Gott aber kann man nicht schauen, ohne zu sterben. Wer somit nicht um die eigene Blindheit weiß, ist verblendet.

Die *Lahmen* sind die Menschen, die wissen, dass man auf den Wegen Gottes nur mit Gottes Hilfe gehen kann. »Ohne mich könnt ihr nichts tun«, sagt Christus. Was hilft das Laufen mit größten Schritten und in übersetztem Tempo, wenn es nicht die Straße Gottes ist! Wer diese Einsicht hat, ist empfänglich für Gottes Wort und Wirken. Er versteht den Gnadencharakter des Christentums und wird darum dem Ruf zum Gastmahl des Herrn freudig Folge leisten.

Die zweite Gruppe sind die *Menschen »von Hecken und Zäunen«*, also die Draußenstehenden. Die Kinder des Volkes Israel, diese Hausbewohner Gottes, schließen durch ihr Nein sich selber aus. Und die Heiden, die draußen waren, werden hereingerufen und werden »mit Abraham, Isaak und Jakob zu Tische sitzen«. Das gilt auch heute. Nicht jeder Taufscheinkatholik und äußerliche Traditionschrist ist wirklich innen im Hause. Denn es gibt am Baum des Herrn auch welke Zweige und dürre Äste. Viele, die äußerlich und scheinbar draußen stehen, aber im Herzen die richtige Haltung haben, sind in Wirklichkeit drinnen. Sie haben, wie die Theologen sagen, die

Begierdetaufe. Sie stehen, menschlich gesehen, draußen an den Hecken und Zäunen der Kirche. Von Gott her gesehen sind sie aber drinnen, weil sie dem inneren Ruf der Stimme Gottes Folge leisten.

So ist das Gastmahl des Herrn eine Verwirklichung des geheimnisvollen Christuswortes, dass Erste Letzte und Letzte Erste sein werden. Nicht die äußere, soziale Rangordnung gilt vor den Augen Gottes, sondern die ganz andere innere Gnadenordnung. Der Blick in das Haus des Herrn und die Tischgemeinschaft an der Tafel des Herrn wird große Überraschungen bringen.

RICHTIGE HALTUNG

Pharisäer und Zöllner

Lk 18,10–14: Zwei Menschen gingen in den Tempel hinauf, um zu beten. Der eine war ein Pharisäer, der andere ein Zöllner. Der Pharisäer stellte sich hin und betete bei sich also: Gott, ich danke dir, dass ich nicht bin wie die übrigen Menschen, wie die Räuber, Ungerechten, Ehebrecher oder auch wie der Zöllner da. Ich faste zweimal in der Woche und gebe den Zehnten von allem, was ich erwerbe. Der Zöllner aber stand weit hinten und getraute sich nicht einmal, seine Augen gen Himmel zu erheben, sondern schlug an seine Brust und sprach: Gott, sei mir Sünder gnädig! Ich aber sage euch: Dieser ging gerechtfertigt nach Hause, jener nicht. Denn jeder, der sich selbst erhöht, wird erniedrigt, und wer sich selbst erniedrigt, wird erhöht werden.

Die Parabel vom Pharisäer und Zöllner ist unsterblich. Die beiden Gestalten sind zu drastisch dargestellt, ihre Profile zu scharf gemeißelt, als dass man sie jemals wieder vergessen könnte.

Dass der Pharisäer unsympathisch ist, bedarf keiner Beweise. Pose ist immer lächerlich. Protzentum wirkt immer abstoßend. Kaufmännische Gewinn- und Verlustrechnung im religiösen Leben ist immer grotesk. Wenn die Frömmigkeit dann gar noch ausartet, dass sie zur Anmaßung gegen Gott und zu stolzer Überheblichkeit gegen die Mitmenschen wird, so überschlägt sie sich in ihr Gegenteil, und der »Gerechte« wird in seinem innersten Wesen ungerecht. Der Pharisäer ist ein Mensch, dessen Leben scheinbar völlig von der Religion geformt und durchwirkt ist. Vom Morgen bis zum Abend hält er sich ängstlich an alle Vorschriften des Gesetzes Gottes. Nimmt gewissenhaft die rituellen Waschungen vor. Beachtet alle Speisevorschriften. Macht am Sabbat keinen Schritt mehr als das Gesetz erlaubt. Trägt die Gebetsriemen ohne jede Menschenfurcht. Betet zu den bestimmten vorgeschriebenen Zeiten. Fastet mehr als notwendig wäre. Zahlt den Zehnten von allem, was Vorschrift ist, und noch darüber hinaus. So führt er ein hartes Leben, eingeengt durch tausend Bestimmungen, alles um der Religion willen.

Aber er hat zwei Fehler. Vor allem ist er sich seiner Religiosität und Heiligkeit sehr bewusst. Wenn er betet, so ist es nur ein Dank für das, was er hat und ist, und nicht ein Bitten um das, was er nicht hat und nicht ist. Sein Fehler ist sein Glaube an seine Fehlerlosigkeit. Er bewundert sich selbst. Der zweite Fehler hängt damit zusammen: Er verachtet die anderen, beurteilt und verurteilt sie, denn er ist überzeugt, dass er turmhoch über den anderen steht. Er ist ein Selbstgerechter, der die anderen zu Unrecht als Ungerechte verurteilt.

In den heutigen Verhältnissen wäre dieser Pharisäer häufig im Gotteshaus zu finden, und zwar immer an sichtbarer Stelle. Seine Kniebeugungen wären tadellos. Weihwasser würde er nach allen Himmelsrichtungen sprengen. Bei Volksandachten wäre seine Stimme sehr vernehmlich. Würde ein Prediger über Ungläubige, Kommunisten und andere Draußenstehende schimpfen, würde er beifällig nicken. Nie würde er an einem Freitag Fleisch essen. Sein Regal wäre mit Gebetbüchern gefüllt. Und dass er den Rosenkranz ständig in der Tasche trägt, wüsste jedermann. Aber er wäre sich auch heute der eigenen Heiligkeit und Tadellosigkeit bewusst und kein Wort wäre ihm scharf genug, um Filmstars, Strandbadbesucher, zweifelhafte Girls und Swingboys (eine oppositionelle Jugendkultur während der Zeit des Nationalsozialismus, Anm. d. Verl.) und jede Art von »Atheisten« in Grund und Boden zu verurteilen.

Aber der Zöllner? Er hat ein schlechtes Gewissen. Und zwar mit Recht. Immer wieder übertritt er das Gesetz. Er hat beruflich dauernd mit Heiden zu tun und kommt ohne laxe Moral unmöglich auf seine Rechnung. Im Tempel fühlt er sich nichts weniger als heimisch. Selten genug verirrt er sich dorthin und rasch genug verlässt er ihn wieder. Wenn er sein sündiges Haupt senkt, reuig an seine Brust klopft und bittet: »Herr, sei mir armem Sünder gnädig!«, ist das nur allzu berechtigt. Aber er hat sein Gutes. Er ist sich seiner Sündhaftigkeit bewusst und bildet sich vor Gott nichts ein. Noch nie in seinem Leben hat er sich für fromm gehalten. Heiligkeit ist ein Ideal, das er anerkennt, von dem er sich aber persönlich himmelweit entfernt weiß. Mit einem Wort: eine sündige, aber ehrliche Seele. Aber ist nicht auch er im Grunde genommen unserem Empfinden gänzlich unsympathisch? Dieses Duckmäusertum, diese Kopfhängerei, dieses Winseln in der eigenen Sündhaftigkeit, dieses gebogene Rückgrat, dieser Knieschlotter. Vor lauter Minderwertigkeitskomplexen wagt er nicht einmal aufzuschauen. Er hat nicht den Mut, nach vorne zu treten. Wahre Demut darf nicht fürchten, sich zu exponieren. Ein aufrechter Charakter steht zu seinen Handlungen und nimmt die Konsequenzen in Kauf. Wenn dieser Zöllner auch draußen, außerhalb des Tempels, in seiner Familie, in seinem Beruf die gleiche Haltung hat wie hier im Heiligtum, so ist er ein völlig lebensuntüchtiger Mensch, wird niemals eine Familie und einen größeren Hausstand leiten können, niemals seine Söhne zu aufrechten, charaktervollen Männern erziehen können. In seinem Beruf wird er's auf keinen grünen Zweig bringen. Er wird todsicher unter die Räder kommen.

Das Entscheidende ist nicht die äußere Haltung. Es kann einer in der vordersten Kirchenbank knien, sich seiner Armseligkeit bewusst sein und gerade darum nach vorne drängen, hin zum Gnadenquell. Und es kann einer hinten unter der Empore und an der Kirchentür stehen mit einem Herzen voller Einbildung und mit stolzer Verachtung aller anderen. Nicht die äußere Haltung wird durch Christus gezeichnet, sondern die innere Haltung der Herzensgesinnung. Geheiligt wird durch Gott nur der, der weiß, dass Gott allein heilig ist und dass somit Heiligung des Menschen nur durch die Gnade des heiligen Gottes erfolgt. Eingebildete Selbstgefälligkeit ist nur Scheinheiligkeit. Christus hat die beiden Typen scharf gemeißelt, damit unsere Gewissenserforschung zu einem sicheren Urteil führt. Ums Äußere handelt es sich nicht. Was Christus hier zeichnen will, ist der Gegensatz zwischen falschem Selbstbewusstsein und echtem Gnadenbewusstsein.

Der Mensch muss wissen, dass er restlos auf die Gnade angewiesen ist. Alles, was er tut, ist sinnlos, wertlos und in den Augen Gottes bedeutungslos, wenn er es nur aus eigener Kraft tun will. Ausdrücklich sagt Christus: »Ohne mich könnt ihr nichts tun.« Daher das erstaunliche Augustinuswort: »Die Tugenden der Heiden sind glänzende Laster.« Der Grund liegt in jenem anderen Christuswort: »Nur einer ist gut: Gott.« Darum ist unser Tun nur dann gut, wenn es von der Gnade Gottes ausgeht, von der Gnade Gottes begleitet ist, von der Gnade Gottes zum Abschluss gebracht wird. Dann ist etwas Göttliches darin, und somit ist es in Gottes Augen gut. Unser Denken ist bloß ein Mit-Denken. Unser Gehen ein Mit-Gehen. Unser Wirken ein Mit-Wirken. Wenn der Mensch sich im Prometheusstolz das Feuer selbst vom Himmel holen will, auf sein Tun sich etwas einbildet, um darauf zu pochen, so widerspricht eine solche Auffassung der Wahrheit und der Wirklichkeit. Und wären es die stolzesten babylonischen Turmbauten irgendwelcher Unternehmungen der Technik, der Wissenschaft, der Kunst, der Wirtschaft, der Politik, der gesamten Kultur: Es ist in Gottes Augen nichts, wenn es nicht von der Gnade Gottes getragen und durchseelt ist.

Zu diesem Bewusstsein der Kreatürlichkeit und damit der restlosen Abhängigkeit von Gott kommt ein Weiteres. Der Mensch muss erkennen und anerkennen, dass er sogar bei diesem Mitdenken, Mitgehen und Mitwirken ständig und immer wieder versagt, mit anderen Worten, das Sünderbewusstsein muss lebendig werden. Gott zeichnet. Wir können bloß die Zeichnung ausführen und auch nicht das aus eigener Kraft, und selbst dabei pfuschen wir hinein. Wir können nur Begleitmusik machen und auch das nicht aus eigener Kraft, und selbst da leisten wir uns immer wieder störende Misstöne. Wer ehrlich ist, weiß um dieses Versagen. Je größer die Einsicht, je ehrlicher der Charakter, je klarer das Denken und je konsequenter die innere Haltung ist, desto ernster, klarer und tiefer ist das Sündenbewusstsein des Menschen. So wird dann das Menschenleben zu einer Ellipse, deren beide Brennpunkte lauten: Gottesgnade und Menschensünde.

Aber nun das Entscheidende: Die Gnade Gottes wird dem Menschen wirklich gegeben, vorausgesetzt, dass er dieses Bewusstsein der Abhängigkeit und der Sündhaftigkeit hat. Ist ihm diese Gnade gegeben, dann kann er wirken, dann kann er ausschreiten, dann kann er bauen und gestalten. Dann wird sein Werk gut, sein Tun sinnvoll, sein Leben vor Gott bedeutsam. Kommt darum der Mensch in der seelischen Zöllnerhaltung des Bewusstseins der Geschöpflichkeit und der Sünde zu Gott, dann wird ihm von Gott die Gnade gegeben. Schwach kommt er zu Gott, stark geht er nach Hause. Armselig kommt er zu Gott, reich geht er nach Hause. Leer kommt er zu Gott, überströmend geht er nach Hause. Es ist die Haltung des paulinischen »Ich kann alles in dem, der mich stärkt«. Die Einstellung jenes Psalmwortes: »In deinem Namen springe ich über die Mauer.« Die echte Haltung, die der Christenmensch haben soll, ist somit die Haltung des aus dem Tempel heimkehrenden Zöllners, der aufrecht, kraftstrotzend, freudestrahlend, energiegeladen, lebensprühend, von Unternehmungsgeist durchglüht seine Aufgabe in Angriff nimmt, sein Leben meistert. Nicht mehr pochend auf eigene Kraft – er weiß zutiefst um deren Versagen –, sondern bedingungslos vertrauend und pochend auf die Gnade

Gottes, auf die Kraft des Allmächtigen. In dieser Haltung ist jedem Stolz der Boden entzogen, jede Einbildung ausgeschlossen, jede Überheblichkeit gebannt. In dieser Haltung ist aber auch alles Minderwertigkeitsgefühl überwunden, alle Schwäche geheilt, alles Versagen besiegt. Denn die menschliche Schwäche ist ersetzt und überhöht durch die Kraft Gottes. Darum ist Christenhaltung die Haltung des aus dem Tempel heimkehrenden Zöllners, nach dem Pauluswort: »Durch Gottes Gnade bin ich, was ich bin.«

Zöllner-Haltung

Lk 18,13: Der Zöllner stand von ferne und wagte nicht einmal, die Augen zum Himmel zu erheben, sondern schlug an seine Brust und sagte: O Gott, sei mir Sünder gnädig!

Die Luther-Frage »Wie finde ich einen gnädigen Gott?« stellt sich jedem religiösen Menschen. Denn wenn er vor dem heiligen Gott steht, ehrlich und redlich denkt, muss er sich seiner Sündhaftigkeit bewusst sein. Und zugleich quält ihn die drückende Erkenntnis, dass der Sünder von sich aus die Dinge nicht gutmachen und in Ordnung bringen kann. Versucht er es dennoch, so wird seine theoretische Erkenntnis durch eine schmerzliche Praxis erst recht erhärtet. So bleibt nur eines: der Appell an Gottes Gnade. Der Sünder weiß sich vor das Gericht Gottes gestellt, weiß, dass, wenn alles nach Recht und Gerechtigkeit vor sich geht, das Todesurteil gefällt wird. Aber nun geschieht das Unerwartete. Jesus Christus tritt für den Angeklagten ein, denn Christus hat selbst am Kreuz die Sühne geleistet. Um seiner Fürsprache willen wird nun vom richtenden Gott der angeklagte Sünder freigesprochen. Das Freisprechen ist aber zugleich ein Freimachen. Denn Gottes Wort ist wahr und kann somit nicht behaupten, der Sünder sei ein Gerechter, wenn er

Sünder bleibt. Gottes Wort hat außerdem schöpferische Kraft. Es ist wirksames Wort, denn es wirkt das neue Sein und das neue Leben der Gnade. Die Sünde ist also nicht bloß zugedeckt, sondern sie ist getilgt. Darum heißt es vom Zöllner: »Er ging gerechtfertigt nach Hause.« Der Mensch ist durch Christus keineswegs *simul iustus et peccator* – »zugleich Sünder und Gerechter«. Denn Gerechtigkeit und Sünde sind Widersprüche und Gegensätze, die nicht zu gleicher Zeit im Menschen Wirklichkeit sein können. Keine Dialektik kann darüber hinweghelfen. Der Mensch ist entweder Sünder oder gerechtfertigt. Er ist nicht beides zu gleicher Zeit. Wenn es also heißt: »Er ging gerechtfertigt nach Hause«, ist er nicht mehr Sünder. Es ist eine wirklich schöpferische Umwandlung in ihm vollzogen. Er geht nicht bloß äußerlich und nicht bloß im Urteil Gottes, sondern innerlich und wirklich als ein anderer nach Hause. Rechtfertigung besagt somit, dass der Sünder um Christi willen, durch Gottes Gnade wirklich zu einem Gerechten gemacht wird.

Es bleibt also im Menschen nicht die Sünde als Wirklichkeit, aber es bleibt das Sündigen als Möglichkeit. Und so muss der Mensch das Seine mittun. Rechtfertigung ist ein Tun Gottes. Aber das Tun des Menschen ist miteinbezogen und miteingebaut. Dieses Tun besagt negativ, dass der Mensch nicht mehr sündigen soll, und besagt positiv, dass er mit der empfangenen Gnade mitwirken soll. Er soll nun als Gerechter leben. Die Gerechtigkeit, die er empfangen hat, soll sich durch ein Zusammengehen von Gott und Mensch in der Neugestaltung des Lebens auswirken.

Ein Dreifaches ist somit erforderlich:

1. Der Mensch muss vor Gott seine Sündhaftigkeit erkennen und bekennen.
2. Er muss an den gnädigen Gott appellieren, also durch das Gebet um die Gnade bitten.
3. Er muss mit der Gnade mitwirken, um ein anderes, neues Leben zu führen. Genauer, um das neue Leben, das er empfängt,

zu bewahren und zur Entfaltung und Auswirkung zu bringen.

Wir sind alle Zöllner. Wer das nicht eingesteht, ist Pharisäer, der durch Selbstgerechtigkeit erst recht zum Sünder wird. Aber es ist uns allen als Zöllnern der Zugang zur Gnade offen, weil Christus durch seinen Tod am Kreuz diesen versperrten Weg geöffnet hat.

So ist das Gleichnis vom Zöllner Trost für jeden, der um seine Zöllnerexistenz weiß. Der Pharisäer hat nur eine äußerliche, scheinbare Rechtfertigung, die auf seiner eigenen Einbildung beruht und allenfalls im Urteil der Menschen, das in diesem Fall ein Fehlurteil ist. Dagegen wird seine Schein-Heiligkeit vom heiligen Gott verurteilt. Der Zöllner verurteilt sich selbst, findet aber Gnade vor Gott und damit vor Gottes Gericht ein Urteil des Freispruchs. Der sich selbst freisprechende Pharisäer wird verurteilt. Der sich selbst verurteilende Zöllner wird freigesprochen. Es entscheidet aber nicht das Selbsturteil, sondern das Urteil Gottes. Darum können wir nur bestehen, wenn wir als Zöllner zu Gott gehen.

TATEN

ZWEI SÖHNE

Gleichnis von den ungleichen Söhnen

Mt 21,28–32: Ein Mann hatte zwei Söhne. Er ging zu dem Ersten und sprach: Mein Sohn, geh und arbeite heute im Weinberg. Der antwortete: Ja, Herr, ging aber nicht hin. Dann ging er zum Zweiten und sprach ebenso. Der entgegnete: Ich mag nicht! Nachher aber reute es ihn, und er ging doch hin. Wer von beiden hat den Willen des Vaters erfüllt? Sie sagten: der Letzte. Da sprach Jesus zu ihnen: Wahrlich, ich sage euch: Der Zöllner und die Buhlerinnen kommen vor euch in das Reich Gottes. Denn Johannes wies euch auf den Weg der Gerechtigkeit, und ihr habt ihm nicht geglaubt; die Zöllner und Buhlerinnen aber haben ihm geglaubt. Ihr habt es gesehen und gleichwohl hernach nicht Buße getan, und ihr habt ihm nicht geglaubt.

Im Gleichnis schickt ein Vater *seinen Sohn* in den Weinberg zum Arbeiten. Dieser antwortet mit Ja, geht aber dann nicht. Und damit das Ja auch wirklich devot genug klinge, sagt er noch »Ja, Herr«, als wolle er die väterliche Autorität rückhaltlos anerkennen und in Selbstverständlichkeit dem höheren Willen entsprechen. Christus zeichnet damit die Scheinfrömmigkeit der Führer Israels. Sie kennen den Willen Gottes aus dem Gesetz und entsprechen scheinbar dem Willen Gottes, wenn sie in den Synagogen beten, im Tempel opfern, die Feste feiern und das Gesetz beachten. Und doch ist es nur Schein. Das Entscheidende geschieht nicht. Es fehlt die Tat der inneren Umkehr und des selbstlosen Wirkens.

Es gibt auch in der Kirche Christi solche Menschen. Ihre Religion ist bloße Theorie. Es fehlt die Praxis. Es sind Blüten ohne Frucht, Worte ohne Taten. Was helfen stahlharte Vorsätze, wenn die Verwirklichung fehlt? Was nützen geniale Entwürfe ohne Ausführung? Programme, die auf dem Papier stehen bleiben? Prinzipienreden, die groß tönen, aber keine Wirkung haben? Was nützt die Bibel auf dem Büchergestell und das ledergebundene Missale in der Hand, wenn die Umwandlung der Herzen und des Lebens nicht folgt? Die schönsten Enzykliken und bischöflichen Hirtenbriefe verfangen nicht, wenn diese katholische Lehre nicht katholisches Leben weckt. Geistreiche Essays und theologisch fundierte Bücher über Aszese und Mystik sind leerer Schall ohne die entsprechende Tat. Eine Frömmigkeit, die nur Literatur ist, ist Scheinfrömmigkeit. Nur der Beweis des Lebens verfängt. Worte sind zu billig. Der devote erste Sohn des Evangeliums findet vor Gott keine Gnade.

Der zweite Sohn antwortet mit Nein, geht aber dann doch in den Weinberg und arbeitet. Er ist äußerlich ein Grobian, den jeder Befehl zur Opposition reizt, ein Mensch, der zum Widerspruch neigt und scheinbar nicht weiß, was Pietät ist. Aber hinter der rauen Rinde fließt ein guter Saft, und die harte Schale birgt einen süßen Kern. Das Reden geht bei ihm immer dem Denken etwas voraus. Aber wenn das Denken dann nachfolgt, wirkt es auf sein Handeln. Und das ist entscheidend. Es fehlt ihm äußere Devotion der Worte und der Haltung. Aber er hat die wahre innere Hingabe der Bereitschaft zur Tat. In der Parabel sind es die scheinbar Unfrommen, die in Wirklichkeit Gott suchen: Zöllner und Dirnen, die durch ihr Neinsagen sündigen, aber dann nachher in sich gehen und umkehren. Es gibt viele solche Menschen. Große Worte liegen ihnen nicht. Lange Gebete sind nicht ihr Fall. Würde man sie über den Weg der Reinigung, der Erleuchtung und der Einigung befragen, so wüssten sie keine Antwort zu geben. Von den verschiedenen aszetischen Schulen und Richtungen haben sie keine Ahnung. Bibelsprüche sind ihnen unbekannt. Unter den Frommen gelten sie als schwarze Schafe. Sie führen oft genug eine kräftige Sprache und stimmen meistens mit Nein. Aber sie haben im Innersten ein richtig funktionierendes Gewissen. Und so kommen sie immer wieder zur Einsicht und haben den Mut, daraus die Konsequenz zu ziehen.

Man kann sich im Letzten auf sie verlassen. In Verfolgungszeiten gehören sie zu den Treuen.

Ist dieser Typus das Ideal? Keineswegs! Denn das Christentum kennt keinen Riss zwischen Theorie und Praxis. Will also keine Theorie, die der Praxis nicht entspricht, aber auch keine Praxis, die der Theorie widerspricht. Es will kein Auseinanderklaffen von Wort und Tat. Worte ohne Taten zählen nicht. Aber Taten im Widerspruch zu den Worten sind unausgeglichen.

Darum steht hinter den Worten des Evangeliums vom ersten und vom zweiten Sohn geheimnisvoll *die Gestalt des dritten Sohnes*, der Ja sagt, aber auch entsprechend handelt. Ihm ist jedes Nein den Worten Gottes gegenüber fremd. Er lebt in der grundsätzlichen und tatsächlichen Bereitschaft, im Wort und in der Tat Ja zu sagen. Er ist der restlos aufbauende, konstruktive Mensch. Er ist der Gegensatz zum »Geist, der stets verneint«. Sein ganzes Leben ist ein einziges »Ja, Herr«. Er ist der Menschensohn und Gottessohn, der Sohn schlechthin. Seine Menschwerdung ist das Jawort zum Willen des Vaters im Himmel. Sein Beten und sein Sprechen sind das Ja des Wortes, sein Leben bis in alle Einzelheiten ist das Ja der Tat. Und beides, Wort und Tat, wird feierlich besiegelt und als echt ausgewiesen durch das Ja des Opfers, der letzten Hingabe am Kreuz. Vor dem Schritt über die Schwelle der Passion steht sein Wort: »Vater, nicht wie ich will, sondern wie du willst.« Diesem Jawort bleibt er treu bis zum letzten Atemzug und zum letzten Tropfen seines Herzblutes.

Ideale Christenhaltung ist somit die Haltung dieses dritten Sohnes, bei dem alles Aufbegehren und Rebellieren, aller Widerstand und Widerspruch, aller Oppositionsgeist und alles Sich-durchsetzen-Wollen überwunden ist durch die Hingabe an den großen und heiligen Willen des Herrn. Es ist nicht eine erzwungene, knirschende Hingabe. Noch weniger ist es ein Sichfügen aus Schwäche, auf der Linie des geringsten Widerstandes. Sondern es ist das starke, tapfere Hinauswachsen über sich selbst und Hineinwachsen in die Größe des göttlichen Wollens. Es ist das Jawort der Liebe, die sich auswirkt in Tat und Leben. Nicht die raschen, devoten Jasager, bei denen die fehlende Tat dem billigen Wort jedes Gewicht und jeden Ernst nimmt, und nicht die verbohrten, bockigen und trotzigen Neinsager, die jedes Mal wieder eine Bekehrung brauchen, um dann schließlich mühsam das Ja der Tat aufzubringen, sondern die großen Menschen einer klaren Haltung der Bereitschaft dem Wort und Willen Gottes gegenüber sind die wahren und ganzen Christen. Es ist die Haltung, die geheimnisvoll zwischen den Zeilen der Parabel zu finden ist und die ihre ideale Verwirklichung gefunden hat im Herrn, der die Parabel spricht. In ihm, der als Logos das Wort Gottes ist, das Jawort zum Willen des Vaters.

Verworfen

(*Das Gleichnis von den Winzern*, die den Sohn und Erben erschlagen, ist eine Mahnung an die Führer Israels und eine Zeichnung der Geschichte dieses Volkes, die in Christus ihre Sinnerfüllung findet, eine Sinnerfüllung, die durch die Ablehnung in ihr Gegenteil verkehrt wird.)

Mt 21,33–44: Es war ein Hausvater, der pflanzte einen Weinberg, umgab ihn mit einem Zaun, grub darin eine Kelter, baute einen Turm, verpachtete ihn an die Winzer und verreiste. Als die Zeit der Früchte gekommen war, schickte er seine

Knechte zu den Winzern, um den Ertrag in Empfang zu nehmen. Die Winzer ergriffen seine Knechte; den einen schlugen sie, den anderen töteten sie, den dritten steinigten sie. Abermals schickte er andere Knechte, und zwar mehr als zuvor; sie machten es ihnen ebenso. Zuletzt sandte er seinen Sohn zu ihnen und sprach: Vor meinem Sohne werden sie sich scheuen. Als die Winzer den Sohn sahen, sagten sie untereinander: Das ist der Erbe, kommt, wir wollen ihn umbringen, und unser wird sein Erbe sein. Und sie ergriffen ihn, warfen ihn zum Weinberg hinaus und töteten ihn. Wenn der Herr des Weinberges kommt, was wird er wohl diesen Winzern tun? Sie sagten zu ihm: Er wird die Elenden elend umbringen und seinen Weinberg an andere Winzer verpachten, die ihm zur rechten Zeit den Ertrag abliefern. Da sprach Jesus zu ihnen: Habt ihr niemals in der Schrift gelesen: Der Stein, den die Bauleute verworfen haben, der ist zum Eckstein geworden. Vom Herrn ist das geschehen, und es ist wunderbar in unsern Augen (Ps 118,22.23). Darum sage ich euch: Das Reich Gottes wird von euch genommen und einem Volke gegeben werden, das seine Früchte bringt. Und wer auf diesen Stein fällt, der wird zerschmettert werden; und auf wen er fällt, den zermalmt er.

Die Geschichte des Volkes Israel läuft äußerlich ab wie die Geschichte anderer Völker. Kriege, Revolutionen, Kämpfe der Dynastien um ihre Hausmacht, Hofintrigen, Entwicklung des Wohlstandes und schwere Rückschläge wechseln miteinander ab. Nach kühn aufsteigender Kurve wird die Höhe unter David und Salomo erreicht. Dann aber beginnt unaufhaltsam der Zerfall. So scheint alles nach den Entwicklungsgesetzen zu verlaufen, die das Schicksal aller Völker bestimmen. Und doch ist es anders. Israel ist das erwählte Volk Gottes. Es ist ein Weinberg, den Jahwe angelegt und gepflanzt hat, wie der 79. Psalm es in unnachahmlicher Schönheit schildert. Gott hat dem Volk das

Land gegeben, das Gesetz, den Tempel, den Gottesdienst und die großen Männer. Aber der Weinberg muss Früchte tragen. So schickt Gott die Propheten, um diese Früchte einzuheimsen. Im Nordreich einen Elias und Elisäus, einen Amos und Hosea. Im Südreich einen Jesaia und Jeremias. Und selbst im Exil noch einen Ezechiel und Daniel und die anderen. Aber die Propheten erleiden das Prophetenschicksal. Sie werden verlacht und gelästert, verfolgt und getötet. Dann kommt die Entscheidungsstunde des Volkes. Gott schickt seinen eigenen Sohn, seinen Liebling, den Gesalbten. Wird Israel die Stunde der Gnade verstehen? Aber die Erwählten verwerfen den, der sie erwählt hat. Sie schließen ihn aus der Gemeinschaft ihres und seines Volkes aus und töten ihn »außerhalb der Stadt« auf Golgotha. So ist er der Verworfene. Sie hatten den Auftrag, den Tempel Gottes zu bauen, und haben den Sohn Gottes als unbrauchbaren Stein weggeworfen. Aber er ist und bleibt der Eckstein, der den ganzen Bau tragen und halten soll. Gottes Pläne erfüllen sich ohne Israel und trotz Israel. Sie, die ihn verworfen haben, werden nun selbst verworfen. Gott wählt sich die Heiden als neue Steine. Und in Christus als dem Eckstein wird das neue Israel, der geistige Tempel Gottes, die heilige Kirche, gebaut. Der Weinberg wird Israel genommen und den Heiden gegeben, damit sie ihn bebauen und dem Herrn die Früchte der Liebe liefern. Das ist Israels innere Geschichte. Es ist vom Herrn erwählt, verwirft den Herrn und wird darum selbst verworfen.

Dieses Volkes Schicksal ist eine Warnung für Menschen und Völker.

Jedem Menschen wird die Gnade angeboten. Denn »Christus erleuchtet jeden Menschen, kommend in diese Welt« (vgl. Joh 1). Nur wenn der Erwählte Nein sagt und verwirft, wird er selbst verworfen. Aber Gottes Pläne scheitern darum nicht. Er wählt sich andere und verwirklicht mit ihnen seine Absichten. Auch Völker haben ihre Gnadenstunde, ihre Zeiten der Entscheidung. Verwerfen sie Christus, werden sie selbst verworfen.

Aber der Bau der Weltkirche geht trotzdem weiter ohne sie, denn andere werden gerufen. Der Leuchter wird von der Stelle gerückt. Gnade ist zugleich Verantwortung. Das Ja zu Christus ist der Weg des Aufstieges für Menschen und Völker. Das Nein ist das Betreten der schiefen Ebene, ist der Beginn des äußeren und inneren Zerfalls und ist Anfang und Grund zur eigenen Verwerfung. An Christus genesen Menschen und Völker. Aber an ihm gehen sie auch zugrunde, je nachdem, ob sie dem Ruf folgen oder nicht folgen. Die Parabel von den Winzern ist Hinweis auf Menschen- und Völkerschicksale und zeigt das innere Geheimnis der Geschichte und ihren eigentlichen Sinn, neben dem der ganze äußere Ablauf der Ereignisse zu völliger Nebensache wird. Wir müssen lernen, richtig zu sehen.

MITWIRKUNG

Das Gleichnis von den Talenten

Mt 25,14–30: Es wird da gehen wie mit einem Manne, der in die Fremde zog, seine Knechte zu sich rief und ihnen seine Güter übergab. Einem gab er fünf Talente, dem anderen zwei, dem dritten aber eines, einem jeden nach seiner Fähigkeit; dann reiste er ab. Sofort ging nun der, welcher die fünf Talente empfangen hatte, hin und handelte damit und gewann andere fünf dazu. Desgleichen gewann auch der mit den zweien andere zwei. Der aber eines empfangen hatte, ging hin, grub ein Loch in die Erde und verbarg das Geld seines Herrn. Nach langer Zeit kam der Herr dieser Knechte und hielt Abrechnung mit ihnen. Es kam der, welcher die fünf Talente empfangen hatte, brachte fünf andere Talente und sprach: Herr, fünf Talente hast du mir übergeben; siehe, ich habe noch fünf andere dazugewonnen. Da sprach sein Herr zu ihm: Recht so, du guter und getreuer Knecht! Weil du über weniges getreu gewesen bist, will ich dich über vieles setzen. Geh ein in die Freude deines Herrn! Es kam auch der, welcher die zwei Talente empfangen hatte, und sprach: Herr, zwei Talente hast du mir übergeben; siehe, ich habe noch zwei andere dazugewonnen. Da sprach sein Herr zu ihm: Recht so, du guter und getreuer Knecht! Weil du über weniges getreu gewesen bist, so will ich dich über vieles setzen. Geh ein in die Freude deines Herrn! Es kam auch der, welcher das eine Talent empfangen hatte, und sprach: Herr, ich weiß, dass du ein harter Mann bist. Du erntest, wo du nicht gesät, und sammelst, wo du nicht ausgestreut hast. Aus Angst ging ich hin und verbarg dein Talent in der Erde. Siehe, da hast du, was dein ist! Da antwortete ihm sein Herr: Du böser und fauler Knecht! Du wusstest, dass ich ernte, wo ich nicht gesät, und sammle, wo ich nicht ausgestreut habe. Du hättest also mein Talent auf die Wechselbank bringen sollen, so hätte ich bei meiner Ankunft das meinige mit Zinsen wieder erhalten. Nehmt ihm also das Talent und gebt es dem, der die zehn Talente hat. Denn jedem, der da hat, wird gegeben, dass er im Überfluss habe. Wer aber nicht hat, dem wird auch das, was er zu haben meint, genommen werden. Den unnützen Knecht aber werft hinaus in die Finsternis draußen. Da wird Heulen und Zähneknirschen sein.

Sklavenleben war im Orient keineswegs notwendig gleichbedeutend mit primitivem Leben und harter Handarbeit. Es gab Sklaven, die hohe Ämter verwalteten. So zeichnen auch die Parabeln von den Talenten und den Minen den reichen Herrn, der auf Reisen geht und inzwischen sein Vermögen einigen Sklaven zur Verwaltung überlässt. Nach der Heimkehr erfolgt die Abrechnung. Das Urteil klingt im ersten Augenblick seltsam. Der Erste, der fünf Talente erhalten und sie verdoppelt hat, legt seinem Herrn die Summe von beinahe 60 000 Goldfranken auf den Tisch. Der Zweite hat zwei Talente erhalten. Er kann ebenfalls mit Stolz gegen 24 000 Franken vorlegen. Der Dritte hat seine rund 6 000 Franken weder verloren noch vermehrt und händigt sie dem Herrn wieder aus. Das Urteil lautet für den Ersten und Zweiten wortwörtlich gleich, für den Dritten vernichtend. Es entscheidet somit beim Urteil des Herrn nicht das absolute, sondern das relative Ergebnis. Das heißt, nicht das zahlenmäßige Resultat, sondern die Arbeit und Anstrengung, die gemacht worden sind. Der Erste und der Zweite haben ihre Summen verdoppelt, haben somit die gleiche Mühe aufgewandt, und dementsprechend empfangen sie den gleichen Lohn. Der Dritte hat es sich bequem gemacht und nichts getan, daher die Strafe.

Entscheidend ist vor Gott die Anstrengung, nicht das Ergebnis. Das ist einerseits tröstlich, denn es wird nichts anderes vom Menschen verlangt als der persönliche Einsatz, die ehrliche Mühe, mit dem Erhaltenen mitzuwirken. Es hängt nicht von uns ab, wie viel wir erhalten. Wohl aber hängt von uns ab, was wir damit tun. Andererseits enthält diese Parabel die ernste Mahnung zum Einsatz und zum Mitwirken. Der Mensch wirkt also das Heil nicht allein aus Gnade, auch nicht allein aus seinem Tun, sondern in erster Linie aus der Gnade, in zweiter aber durch seine Mitwirkung.

Ob wir natürliche Fähigkeiten erhalten haben, also Gesundheit und Kräfte des Körpers, Fähigkeiten des Geistes, gute Anlagen des Herzens und Charakters, gute Erziehung usw., oder ob wir übernatürliches Kapital empfangen durch besondere Gnade, liegt nicht in unserer Hand. Gott ist der souveräne, freie Herr, der austeilt, wie er will. Aber entscheidend ist, dass wir das Empfangene auswerten, damit wirken und schaffen, unbekümmert um das Ergebnis, das wiederum nicht in erster Linie, vielfach überhaupt nicht, in unserer Macht liegt.

Das scheint im Widerspruch zu stehen mit dem Satz des Römerbriefes, dass nicht das Wollen und das Laufen entscheide, sondern Gottes Erbarmen (vgl. Röm 9,16). Und doch ist es kein Widerspruch. Denn der gleiche Paulus schreibt im ersten Korintherbrief, dass wir im Wettkampf des Lebens uns anstrengen müssten wie die Athleten im Stadion. Auch Paulus verlangt somit beides: die erbarmende Gnade Gottes als Erstes, aber auch den Einsatz der eigenen Kraft und Anstrengung als Zweites. Nur die Synthese von beiden gibt die richtige christliche Haltung. Hat jemand wenig erhalten, soll er sich nicht beschweren, sondern mit dem wenigen nach Kräften wirken und arbeiten. Dann ist er seines Lohnes gewiss. Hat er viel erhalten, so wächst mit dem Empfangenen auch die Verantwortung, und er muss einen entsprechenden Einsatz machen. Bloße Passivität wird verurteilt. Der Mensch ist nicht ein Vakuum, das bloß rezeptiv die Gnade aufnimmt, sondern er ist ein lebendiges Wesen, das Gnade empfängt und dann mitgehen und mitwirken muss. Ob es sich um innere Erleuchtungen des Geistes, um Anregungen des Willens, um Forderungen des Gewissens oder um seinshafte Gnade der Sakramente handelt, immer ist das Mitgehen des Menschen erforderlich. Es liegt in dieser Parabel etwas Dynamisches, Aktives, Gestaltendes. Sie ist Anruf und Aufruf für den Menschen. Und hinter dem Ganzen steht die Rechenschaft, die beim Gericht abzulegen ist. Gott ist der Herr, wir sind die Knechte. Er hat die Gaben verschieden verteilt. Unsere Aufgabe ist das Wirken mit den Gaben. Darüber, aber auch nur darüber, haben wir Rechenschaft zu geben. Davon, aber auch wirklich davon, hängt das Urteil ab.

LOB DER SÜNDE?

Gleichnis vom ungetreuen Verwalter

Lk 16,1–13: Ein reicher Mann hatte einen Verwalter. Dieser wurde bei ihm angeschuldigt, er verschleudere sein Vermögen. Er ließ ihn rufen und sagte zu ihm: Was muss ich von dir hören? Gib Rechenschaft von deiner Verwaltung! Denn du kannst nicht länger die Verwaltung führen. Der Verwalter dachte bei sich: Was soll ich anfangen, da mein Herr mir die Verwaltung abnimmt? Graben kann ich nicht, zu betteln schäme ich mich. Ich weiß, was ich tue, damit sie mich nach meiner Entfernung von der Verwaltung in ihre Häuser aufnehmen. Er ließ also die einzelnen Schuldner seines Herrn kommen und fragte den ersten: Wie viel bist du meinem Herrn schuldig? Der antwortete: Hundert Krüge Öl. Er sagte zu ihm: Da hast du deinen Schuldschein! Schnell setz dich und schreibe fünfzig! Dann fragte er einen anderen: Wie viel bist du schuldig? Der sagte: Hundert Malter Weizen. Er darauf: Da hast du deinen Schuldschein, schreibe achtzig! Der Herr lobte den ungerechten Verwalter, weil er klug gehandelt habe: Denn die Kinder dieser Welt sind gegenüber ihresgleichen klüger als die Kinder des Lichts. Auch ich sage euch: Macht euch mit dem ungerechten Reichtum Freunde, damit sie euch, wenn es einmal zu Ende geht, in die ewigen Wohnungen aufnehmen. Wer im Kleinsten treu ist, ist auch treu im Großen, und wer im Kleinsten unredlich ist, ist auch unredlich im Großen. Wenn ihr nun mit dem ungerechten Reichtum nicht treu geschaltet habt, wer wird euch dann das wahre Gut anvertrauen? Und wenn ihr mit Fremdem nicht treu gewirtschaftet habt, wer wird euch das geben, was euer Eigentum sein soll? Kein Knecht kann zwei Herren dienen; entweder wird er den einen hassen und den anderen lieben, oder zu dem einen halten und den anderen verachten. Ihr könnt nicht Gott dienen und dem Mammon.

Im Gleichnis vom ungetreuen Verwalter begeht ein Mann regelrechte Betrügereien. Schuldscheine werden gefälscht. Und das Ganze endet mit einem Lob für den Verwalter, »weil er klug gehandelt habe«. Ist das Gleichnis also ein Hymnus auf die Unmoral? Heiligt der Zweck die Mittel? Manche Erklärer haben das Ärgernis damit aus der Welt zu schaffen versucht, dass sie behaupteten, nach jüdischem Recht habe der Pächter solche

Vollmachten. Aber diese Ausrede hilft nicht, und es ist überhaupt kein Ärgernis vorhanden. Was Christus sagen will, ist ganz einfach das Folgende:

Die Kinder der Finsternis sind zur Erreichung ihrer Zwecke im Gebrauch ihrer Mittel raffiniert und gerissen und erreichen so oft genug ihre unmoralischen Ziele durch die Klugheit ihres Vorgehens. So müssen auch die Kinder des Lichtes ihre moralischen Ziele mit ihren moralischen Mitteln ebenso klug und ebenso eifrig zu erstreben suchen. Es wird also weder Ziel mit Ziel noch Weg mit Weg noch Mittel mit Mittel verglichen, sondern *der Vergleichspunkt ist die Anstrengung, die auf beiden Seiten gemacht wird und gemacht werden soll.* Und mit Bedauern wird konstatiert, dass die Anstrengung der Bösen oft größer ist als die Anstrengung der Guten. In Wirklichkeit aber sollte es umgekehrt sein. Will man noch mehr ins Konkrete gehen, so kann man aus der Parabel noch herauslesen, dass es bei den Kindern der Finsternis um das Nehmen geht. Denn jener Verwalter, der zu faul ist zum Arbeiten und zu vornehm zum Betteln, bringt es durch seine Fälschungsmanöver so weit, dass die nötigen Einnahmen ihm gesichert sind. Die Kinder des Lichtes dagegen sollen nicht auf das Nehmen schauen, sondern auf das Geben. Sie sollen sich durch dieses Geben Freunde machen mit dem Geld, das sonst so sehr zu unrechten Zwecken benutzt wird. Denn die Beschenkten werden Fürsprecher für die Schenkenden sein, dass die Tore der ewigen Wohnung sich den Wohltätern öffnen. So ist das Gleichnis Forderung zu wirklichem, ernstlichen Einsatz, und zwar in der Richtung des Gebens, Schenkens und Helfens. Helfende Liebe ist wahre Klugheit. Auf Selbsthilfe bedachte Gerissenheit ist nur Schlauheit in den Augen der Menschen. Aber das Unglaubliche ist eben, dass die Menschen oft genug Licht und Finsternis verwechseln und diejenigen als Lichtgestalten betrachten, die durch raffinierte Methoden zu arbeitslosem Einkommen gelangen, die doch in Wirklichkeit düstere Gestalten sind, und andererseits diejenigen als

Schattengebilde verachten, die den Besitz nicht zu häufen verstehen, sondern überzeugt sind, dass Geben seliger als Nehmen ist. Christliches und unchristliches Leben und Denken sind Gegensätze. Der Mensch muss sich entscheiden. Er kann nicht »Gott und dem Mammon dienen«. Entweder ist sein Leben Gottesdienst, dann kann er nicht dem Mammon huldigen. Oder er ist Mammonsdiener, dann kann er beim lebendigen Gott keine Gnade finden. Viele drücken sich um diese Entscheidung und suchen auf der Linie eines Kompromisses durchzukommen und mit einem Sowohl-als-auch ein mammonistisches Christentum und einen christlichen Mammonismus zu verwirklichen. Sie wollen die Schlauheit der Kinder der Finsternis verbinden mit der Klugheit der Kinder des Lichtes. Durch ein laxes und elastisches Gewissen versuchen sie, unmoralische Handlungen in ihr christliches Credo einzubauen. Sie fahren auf zwei Gleisen und halten doppelte Buchführung.

Vom unfruchtbaren Feigenbaum

Lk 13, 6–9: Jemand hatte in seinem Weinberg einen Feigenbaum gepflanzt. Er kam und suchte Frucht an ihm, fand aber keine. Da sprach er zu dem Winzer: Siehe, schon drei Jahre komme ich nun und suche Frucht an diesem Feigenbaum, finde aber keine. Haue ihn um! Wozu nimmt er nur den Platz ein? Der aber erwiderte ihm: Herr, lass ihn noch dieses Jahr stehen! Ich will rings um ihn aufgraben und Dünger einlegen; vielleicht bringt er künftig doch Frucht; wenn nicht, dann magst du ihn später umhauen lassen.

Zwei Mächte stoßen scheinbar aufeinander: Gottes Gerechtigkeit und Gottes Barmherzigkeit.

Gott ist gerecht, darum kann er die Sünde nicht dulden, zur Fruchtlosigkeit seines Werkes nicht schweigen, Dinge, die seinem

Willen widersprechen, nicht einfach mit dem Mantel der Liebe zudecken.

Gott ist barmherzig. Darum kann er nicht alles mit der Waage der Gerechtigkeit abmessen, schweigt zu vielem, nimmt auf die Schwächen der Menschen Rücksicht und sendet seine Sonne nicht nur den Heiligen, sondern auch den Sündern.

So scheint ein Widerspruch zu bestehen. Das Gleichnis vom Feigenbaum gibt die Antwort. Gott *ist* gerecht, und so verlangt er die Frucht. Verlangt sie unerbittlich. Und wenn keine Frucht da ist, wird der Baum umgehauen. Die Unausweichlichkeit göttlicher Forderungen steht in diesem Gleichnis. Der Ernst des Angerufen- und Aufgerufenseins liegt über dem Menschen. Es ist ihm eine Aufgabe gestellt, die er zu lösen hat. Er wird zur Rechenschaft gerufen. Kann also mit seinem Leben nicht machen, was er will. Kann nicht tun, als ob er selbst alles bestimmen würde. Kann nicht in Gleichgültigkeit seine Tage vertrödeln. Er muss Früchte tragen.

Aber Gott ist auch barmherzig. Darum lässt er dem Menschen Zeit, die geforderten Früchte hervorzubringen. Barmherzigkeit heißt, Gott wartet mit dem Urteil seiner Gerechtigkeit und gibt dem Menschen inzwischen eine Chance. Und zwar gibt er ihm diese Chance so, dass er ihm in dieser Zwischenzeit behilflich ist. Dem Baum in der Parabel wird besseres Erdreich gegeben. Er wird mit Dünger genährt, damit es an den Früchten nicht fehlen wird. Barmherzigkeit besagt somit Warten und Helfen durch Gott, aber nur während der Zeit, die dem Menschen als Frist gesetzt ist. Ist diese Zeit abgelaufen, so hat die Gerechtigkeit freie Bahn. Dann ist die Barmherzigkeit zu Ende. Ein scheinbarer Widerspruch zwischen Gottes Gerechtigkeit und Gottes Barmherzigkeit liegt nur darin, dass wir mit unserer Kurzatmigkeit meinen, es müsse sich jetzt in der kleinen Zeitspanne dieser Zeitlichkeit alles lösen, während die Lösung im Nacheinander liegt, also in der Barmherzigkeitsfrist jetzt und im Gerechtigkeitsurteil am Ende.

Das Gleichnis gilt im Evangelium in erster Linie für das *Volk Israel.* Gott hat dieses Volk ins gute Erdreich des Gelobten Landes verpflanzt, hat ihm zum geistigen Früchtetragen alle Hilfsmittel gegeben: den Tempel, das Gesetz, die Propheten. Und nun hat dieses Volk eine letzte Chance durch das Kommen des Messias. Diese letzte Chance ist zugleich eine ganz besondere Hilfe. Vergeht diese entscheidende letzte Frist ungenutzt, ist das Schicksal Israels besiegelt. Der Baum wird umgehauen.

Das Gleichnis gilt aber auch für jeden Christenmenschen. Er ist durch die Taufe ins Erdreich der Kirche gepflanzt. Sein Leben hat göttliche Hilfe durch die Führung der Kirche, durch die Sakramente, durch das Wort Gottes, durch inneres Licht und innere Kraft. Ist sein Leben bisher unfruchtbar gewesen, so hat er immer noch eine Chance. Christus tritt zu seinen Gunsten ein. Und so wird die Sünde nicht sofort gerächt. Er hat Zeit zur Bekehrung. Hat Zeit, mit der Gnade Christi mitzuwirken und so die Früchte zu bringen, die Gott fordert und erwartet. Aber es kommt der Zeitpunkt, wo die Gnadenfrist abgelaufen ist und der Mensch der Gerechtigkeit Gottes überantwortet wird.

Das Gleichnis gilt auch für Völker. Auch sie haben ihre von der Vorsehung bestimmte Zeit, haben die Verkündigung des Evangeliums, die Segensmittel der Kirche, das Vorbild der Heiligen, das Wirken guter Menschen. Sie haben ihre bestimmte, gottgegebene Zeit und Frist. Ist diese abgelaufen, wird das Urteil gefällt.

Etwas Unheimliches, Drohendes liegt im Geheimnis von der fordernden Gerechtigkeit Gottes. Und doch liegt zugleich etwas Tröstliches, Beglückendes in diesem Gleichnis der wartenden Barmherzigkeit. So ist das Christenleben von der Gerechtigkeit bedroht, aber von der Gnade gehalten. Es bewegt sich im Helldunkel des Vorläufigen dieser Zeitlichkeit, bis es je nachdem völlig im Licht oder völlig im Dunkel endet.

DIE LIEBE VOR ALLEM

FERNSTENLIEBE

Gleichnis vom barmherzigen Samariter

Lk 10,25–37: Da stand ein Gesetzeslehrer auf, um Jesus auf die Probe zu stellen. Er fragte: Meister, was muss ich tun, um das ewige Leben zu erlangen? Er entgegnete ihm: Was steht im Gesetz geschrieben? Wie liest du? Der antwortete: Du sollst den Herrn, deinen Gott, lieben aus deinem ganzen Herzen, mit deiner ganzen Seele, mit allen deinen Kräften und mit deinem ganzen Gemüte, und deinen Nächsten wie dich selbst. Er sagte zu ihm: Du hast richtig geantwortet: Tu das, so wirst du leben. Jener aber wollte sich rechtfertigen und fragte Jesus: Wer ist denn mein Nächster? Da nahm Jesus das Wort und sagte: Ein Mann ging von Jerusalem nach Jericho hinab und fiel unter die Räuber. Die plünderten ihn aus, verwundeten ihn, gingen davon und ließen ihn halb tot liegen. Da fügte es sich, dass ein Priester jenen Weg hinabzog. Er sah ihn und ging vorüber. Ebenso kam ein Levit an die Stelle, sah ihn und ging vorüber. Ein reisender Samariter aber kam in seine Nähe, sah ihn und wurde von Mitleid erfüllt. Er trat hinzu, goss Öl und Wein in seine Wunden und verband sie. Dann hob er ihn auf sein Lasttier, brachte ihn in eine Herberge und sorgte für ihn. Am anderen Morgen zog er zwei Denare hervor und gab sie dem Wirte mit den Worten: Sorge für ihn! Was du noch darüber aufwendest, will ich dir bei meiner Rückkehr bezahlen. Wer von diesen dreien hat sich nach deiner Ansicht als Nächster dem erwiesen, der unter die Räuber gefallen war? Jener antwortete:

Der Barmherzigkeit an ihm geübt hat. Da sagte Jesus zu ihm: Geh hin und handle ebenso.

Die Frage lautet: Wer ist mein Nächster? Der Schriftgelehrte hat sie zwar nur gestellt, um der etwas peinlichen, ans Lebendige greifenden Forderung durch die Flucht in theoretische Diskussionen zu entgehen. Aber die Frage ist immerhin formuliert und hat ihre Bedeutung für alle Menschen aller Zeiten. Die Antwort Jesu lautet: Dein Nächster ist jeder Mensch, der in Not ist, auch wenn er scheinbar dein Fernster ist. Hilfsbedürftigkeit macht den Fernsten zum Nächsten.

Zwei Erläuterungen zeigen das. *Die erste ist das Gleichnis vom Samariter.* Jener Mann zwischen Jerusalem und Jericho ist scheinbar wirklich der Fernste. Aber er ist in Not, und zwar so, dass er sich selber nicht mehr helfen kann. Denn die Räuber haben ihn nicht bloß völlig ausgeplündert, sondern auch halb tot geschlagen. Er kann sich mühsam durch Zeichen bemerkbar machen und mit schwacher Stimme um Hilfe rufen. Priester und Levit, die vorübergehen, können sich mit Recht darauf berufen, dass dieser Mann sie nichts angehe. Sie haben gute Ausreden zur Verfügung, das heißt Gründe, mit denen sie sich aus der Forderung des Gewissens herausreden können. Der *Priester* beruft sich innerlich darauf, dass diese körperliche Hilfeleistung nicht seines Amtes sei. Es gibt nun einmal in jedem geordneten Gemeinwesen eine Gewaltentrennung und Ämterverteilung. Die Ordnung ist dann gesichert, wenn jeder das tut, womit er beauftragt ist, und nicht etwas anderes. Der Schuster hat bei seinem Leisten zu bleiben, der Priester bei seiner Verrichtung des Kultus. Der Soldat hat zu kämpfen und die Hausfrau hat zu kochen, und nicht umgekehrt. Im Übrigen ist die Verrichtung des Kultus keine Kleinigkeit. Es ist das höchste Amt, und so muss sich dieser Amtsträger für seine wichtige Funktion freihalten. Im Bewusstsein dieser Wichtigkeit geht er vorüber. Der *Levit* hat einen ebenso triftigen Grund zum

Vorübergehen. Als Levit hat er in besonderer Weise die Aufgabe, sich um levitische Reinheit zu kümmern. Wer aber einen Toten berührt, ist levitisch unrein. Bei diesem Halbtoten, der hier um Hilfe wimmert, kann man aber nicht wissen, ob er einem nicht unter der Hand stirbt und einen somit gesetzlich verunreinigt und damit die Mitwirkung am Tempeldienst verunmöglicht. Also Hände weg! Das Gesetz Gottes steht höher als die Sentimentalität. Der Levit hält sich an den Buchstaben. Sich um den Geist zu kümmern, ist die Sorge anderer. Er geht vorüber im Bewusstsein, gerade damit eine Versuchung überwunden und einer Pflicht entsprochen zu haben.

Anders der reisende *Kaufmann*. Er hätte an sich die beste Ausrede zur Verfügung. Denn er könnte sagen: 1. Dieser Halbtote ist ein Volksfremder, ein Ausländer. Denn ich bin aus Samaria, er aus Judäa. Zwischen uns beiden sind aber gespannte politische Beziehungen. Dem Feinde zu helfen wäre Landesverrat. 2. Dieser Leidende ist Angehöriger einer anderen Konfession, denn er betet zu Jerusalem Gott an, wir auf dem Garizim. 3. Er geht mich beruflich nichts an. Ich bin Kaufmann, habe meine Geschäfte zu besorgen und bin weder Arzt noch Krankenpfleger noch Polizist. 4. Als Geschäftsmann muss ich auf meinen Vorteil bedacht sein. Diese Hilfeleistung kann mir aber nur Nachteile verschaffen. Sie kostet mich Zeit und Geld und Kraft, verschmiert mir die Kleider und bringt mich noch in Verruf. 5. Die Sache ist gefährlich. Denn die Räuber können hier in der Nähe irgendwo versteckt sein und auch mir auflauern. Dem Pferd die Sporen zu geben und davonzugaloppieren, wäre die vernünftigste Lösung.

Da geschieht das Unerwartete: *Das Gewissen siegt.* Dieser Mann steigt vom Pferd, organisiert nicht bloß aus vornehmer Distanz die Hilfe, geht nicht weg, um anderswo Kräfte aufzubieten, sondern er legt persönlich Hand an. Hebt den Verwundeten auf sein Pferd. Führt dieses sorgsam am Zügel zur Herberge. Bringt den Halbtoten in Sicherheit. Kommt finanziell für ihn auf und stellt dem Wirt noch eine Blankovollmacht für etwaige Spesen aus. Dieser Verwundete war an sich für ihn der Fernste. Weil er aber in Not war, hat er ihn als Nächsten betrachtet und ihm die Nächstenliebe erwiesen. So wird der Fernste durch Hilfsbedürftigkeit zum Nächsten. Gehe hin und tue desgleichen!

Wo immer dringende Not sichtbar wird, müssen somit die Ausreden verstummen. Muss alles Trennende überwunden werden. Müssen Stacheldrähte niedergelegt, Gräben zugeschüttet, Mauern niedergerissen werden. Müssen vor allem Vorurteile beiseitegeschoben, Unannehmlichkeiten in Kauf genommen werden. Hilfeleistungen ohne Unannehmlichkeiten gibt es nun einmal nicht. Dabei ist es gleichgültig, ob es sich um körperlich oder seelisch, um finanziell oder moralisch, um geistig oder religiös leidende Menschen handelt. Und es gelten weder die politischen noch die sozialen noch die konfessionellen noch die völkischen noch andere Schranken. Fernste werden zu Nächsten. Die Not muss die Brücken schlagen und alle Distanzen überwinden. Das ist das Erste.

Die zweite Erläuterung gibt Jesus nicht durch Worte, sondern *durch sein Leben*. Die Menschheit liegt zwischen dem geistigen Jerusalem des paradiesischen Glückes und dem Jericho in den Niederungen satanischer Feindschaft halb tot, weil der Feind, Satan, sie völlig ausgeplündert, und zwar nicht ganz, aber doch halb totgeschlagen hat. Die Gnade ist verloren, der übernatürliche Reichtum geraubt, die Kraft zur Erkenntnis Gottes und zum Tun des Guten geschwächt. Der ganze Zustand ist so, dass die Menschheit sich aus eigener Kraft nicht mehr helfen kann. Selbsterlösung ist eine Illusion, Rückkehr ins irdische Paradies ein Fiebertraum. Die Priester aller möglichen menschlichen Religionen, Kulte, Philosophien und Heilslehren gehen vorüber. Sie befassen sich nur theoretisch mit dem Problem des Übels. Die Leviten mit äußerer Hilfeleistung durch körperliche Heilung und Ertüchtigung, durch materielle Besserstellung, organisierte Planung, technische Indienstnahme der Naturkräfte usw. gehen ebenfalls am eigentlich Entscheidenden vorüber. Sie wollen die Stilreinheit ihres Faches und die Sauberkeit ihrer Methode nicht durch religiöse Praktiken verunreinigen. Die Lage wäre hoffnungslos, wenn nicht der gekommen wäre, der am fernsten stand: der ferne Gott. Und zwar zu dem gekommen wäre, der für ihn wirklich der Fernste war, zum sündigen Menschen. Fern nicht bloß durch den Unterschied von Schöpfer und Geschöpf, Unendlichem und Endlichem, Ewigem und Zeitlichem, Himmlischem und Irdischem. Sondern fern vor allem durch das Neinsagen der Sünde, durch die bewusste Abkehr, durch den Absturz ins Untermenschliche, durch das Ausgeliefertsein an das Satanische. Aber Gott kommt durch die Menschwerdung in Jesus Christus zu dieser halb toten Menschheit. Er verbindet ihre moralischen Wunden durch das Öl seiner Worte und den Wein seiner Sakramente. Hebt sie auf das tragende Pferd seiner Gnade. Bringt sie in die Kirche, jene sichernde Herberge an der Straße der Jahrtausende, und verheißt, dass er alles, was noch fehlt, bei seiner Wiederkunft am Jüngsten Tag in Ordnung bringen werde. So ist er der große, weltgeschichtliche, der Menschheit helfende Samariter. Die persönliche, gelebte Erläuterung seines Wortes vom Fernsten, den die Liebe zum Nächsten macht, weil sie Distanz nicht kennt, sondern den Fernen in die Nähe holt.

Uns sind oft die Nächsten sehr fern, weil wir durch Selbstliebe sie nicht beachten. Dem wirklichen Christen müssen umgekehrt die Fernsten nahe sein, weil ihm die Liebe den Blick gibt für jeden, der leidet. Selbstsucht entfernt, Liebe nähert. Darum ist Liebe notwendig Nächstenliebe. Sie kennt keine Ferne.

PROPORTION

Das Gleichnis vom unbarmherzigen Knecht

Mt 18,23–35: Das Himmelreich ist einem Könige gleich, der mit seinen Knechten abrechnen wollte. Als er damit anfing, brachte man ihm einen, der ihm zehntausend Talente schuldig war. Da er nichts hatte, um zu bezahlen, befahl sein Herr, ihn und seine Frau und seine Kinder und alles, was er hatte, zu verkaufen und zu bezahlen. Da warf sich der Knecht vor ihm nieder und bat ihn: Habe Geduld mit mir, ich will dir alles bezahlen. Voll Mitleid mit diesem Knecht ließ der Herr ihn los und schenkte ihm die Schuld. Draußen traf dieser Knecht einen seiner Mitknechte, der ihm hundert Denare schuldig war. Er packte ihn, würgte ihn und sprach: Bezahle, was du schuldig bist! Da warf sich sein Mitknecht vor ihm nieder und bat ihn: Habe Geduld mit mir, ich will dir alles bezahlen. Der aber wollte nicht, sondern ging hin und ließ ihn ins Gefängnis werfen, bis er die ganze Schuld bezahlt hätte. Da nun seine Mitknechte sahen, was geschehen war, wurden sie sehr betrübt. Sie gingen hin und meldeten ihrem Herrn alles, was sich zugetragen hatte. Sein Herr ließ ihn rufen und sagte zu ihm: Du böser Knecht! Die ganze Schuld habe ich dir nachgelassen, weil du mich gebeten hast. Hättest du nicht auch deines Mitknechtes dich erbarmen sollen, wie auch ich mich deiner erbarmt habe? Voll Zorn übergab ihn sein Herr den Folterknechten, bis er die ganze Schuld bezahlt hätte. So wird auch mein himmlischer Vater mit euch verfahren, wenn ihr nicht, ein jeder seinem Bruder, von Herzen verzeiht.

Das Verhältnis des Menschen zu Gott muss sein Verhalten zum Mitmenschen bestimmen. Das ist ein allgemeines Gesetz im Christentum. Darum lautet die Bitte des Vaterunsers: »Vergib uns unsere Schuld, wie auch wir vergeben unseren Schuldigern.«

Und es lautet das Wort des Herrn: »Mit dem gleichen Maß, mit dem ihr anderen ausmesst, wird euch zugemessen.« Und es besteht die Forderung Christi, dass wir vom Vater im Himmel lernen sollen, der seine Sonne über Gute und Böse scheinen lässt und seinen Regen Sündern und Heiligen spendet.

Das Gleichnis vom unbarmherzigen Knecht wendet dieses Gesetz auf den Einzelfall des Verzeihens an. So wie Gott uns verzeiht, müssen auch wir verzeihen. Verzeihen wir nicht, so wird auch uns nicht verziehen. Aber dieses Gleichnis zeigt das Verhältnis der Vertikalen von Gott und Mensch zur Horizontalen Mensch zu Mensch nun in der richtigen Proportion. In der Parabel schuldet der unbarmherzige Knecht seinem Herrn mehr als fünfzig Millionen Goldfranken, während sein Mitknecht ihm nur die bescheidene Summe von hundert Franken schuldet. Es besteht also keine Proportion. Die Schuld, die dem Knecht erlassen wird, ist so ungeheuerlich, dass die Kleinigkeit, die er nun dem Mitknecht erlassen müsste, geradezu lächerlich ist. Die Beleidigung Gottes ist durch die Unendlichkeit der beleidigten Person so groß, dass die Beleidigung von Mensch zu Mensch daneben keine Rolle spielt. Und doch denken wir Menschen immer wieder umgekehrt. Das Beleidigtwerden durch einen Menschen scheint uns unerträglich, während wir uns aus der Beleidigung Gottes durch unsere Sünden wenig machen. Das schreiende Missverhältnis der beiden im Gleichnis angegebenen Zahlen hat etwas Aufrüttelndes und Beschämendes.

Es ist uns weithin der Maßstab verloren gegangen. Wir stellen das Verhältnis zum Mitmenschen nicht mehr in die Beziehung und in den Vergleich unseres Verhältnisses zu Gott. Man hat aus der Religion so sehr eine Sache der bloßen Innerlichkeit gemacht, dass die äußeren Beziehungen zur Umwelt und zu den Mitmenschen im Religiösen nicht mehr richtig gesehen werden. Man hat weiterhin Gott und Welt grundsätzlich und tatsächlich so voneinander losgelöst, dass sich die Gottesbeziehung nicht mehr in die Weltbeziehung auswirkt. Man glaubt, dass die verschiedenen Beziehungen zu den weltlichen Sachgebieten durch deren Eigengesetzlichkeit bestimmt werden müssen und nichts mit Religion zu tun haben. So ist die Religion eingeengt zu einem kleinen Teilausschnitt des Lebens, zu einem bloßen Sektor im ganzen Kreis. Damit verliert sie ihre Kraft zur Umgestaltung des Lebens und der Welt. Und so kommt es dann, dass ein Unternehmer glaubt, ein guter Christ zu sein, weil er seine religiösen Pflichten erfüllt und doch daneben den Lohn seiner Angestellten und Arbeiter in ungerechter Weise tief hält und herunterdrückt. Oder es kann eine christliche Hausfrau ihre sonntäglichen religiösen Pflichten treu erfüllen und dabei zu Hause ihre Angestellten hart und ungerecht behandeln. Ein Lamm vor Gott ist sie, ein Drache vor den Menschen. Oder es können religiöse Menschen in frommer Andacht Gott ihre Liebe schwören und schon vor dem Gotteshaus draußen über die Mitmenschen lieblos reden und sie kritisieren. Es können Arbeiter und Angestellte im kirchlichen Leben sehr eifrig sein, ohne je daran zu denken, dass sie in ihren profanen Pflichten und in ihrer Arbeit durch ebendiese Religion zur Gewissenhaftigkeit verpflichtet sind. Dieser Missklang und dieser Zwiespalt wird den religiös richtig Denkenden zum Ärgernis, während die religiös falsch Eingestellten sich dessen überhaupt nicht bewusst werden. Wir müssen das Irdisch-Menschliche wieder in die Gottbezogenheit stellen. Müssen die religiöse Haltung wieder als eine Ganzheit nehmen, dann erst ist die Parabel in ihrem eigentlichen Sinn erfüllt. Tun wir es nicht, so droht das Gericht, das im Gleichnis mit unerbittlicher Härte und Strenge gezeichnet ist. Wir sind Knechte Gottes, denen Gott die gewaltige Schuld der Sünde erlassen hat, und sind daher verpflichtet, unseren menschlichen Mitknechten das wenige, was sie uns schulden, zu erlassen. Wir sind Kinder Gottes, Söhne des Vaters im Himmel. Wir müssen darum unseren Mitmenschen, die als Kinder desselben himmlischen Vaters unsere Brüder und Schwestern sind, die Liebe zeigen, die wir selbst vom Vater im Himmel empfangen. Wir werden nie auch nur entfernt mit dem gleichen Maß ausmessen können, mit dem uns von Gott Gutes zugemessen wird. Aber wir können wenigstens daran denken, dass, wenn auch die Proportion versagt, so wenigstens die Verpflichtung als solche besteht.

EINSTELLUNG ZUM IRDISCHEN

SICHERHEIT

Das Gleichnis vom reichen Toren

Lk 12,16–21: Eines reichen Mannes Acker trug reichliche Früchte. Er dachte bei sich: Was soll ich tun? Ich habe ja keinen Platz, meine Früchte unterzubringen. Da sagte er sich: So werde ich es machen: Ich breche meine Scheunen ab und baue größere; dort werde ich alle meine Erzeugnisse und meine Güter unterbringen. Dann werde ich zu meiner Seele sagen: Meine Seele, du hast viele Güter auf manches Jahr bereitliegen; ruh aus, iss, trink und lass dir's wohl sein! Gott aber sprach zu ihm: Du Tor! Noch in dieser Nacht fordert man dein Leben von dir; wem wird dann das gehören, was du aufgespeichert hast? So geht es mit dem, der für sich Schätze aufhäuft, aber nicht vor Gott reich ist.

Noch nie hat man so viel von *Sicherheit* gesprochen und noch nie in solcher Unsicherheit gelebt wie heute. Man versucht sich finanziell abzusichern durch Abschluss aller möglichen Versicherungen: gegen Unfall, Einbruch, Hagel, Feuer, Krankheit usw. Die Versicherungsgesellschaften stehen in voller Blüte und decken sich ihrerseits wieder durch Rückversicherung. Und wir haben das ganze Volk für alte Tage durch die AHV (Alters- und Hinterlassenenvorsorge in der Schweiz, Anm. d. Verl.) sichergestellt. Man sichert sich körperlich durch Hygiene, Sport, vitaminreiche Nahrung, Impfungen usw. ab. Man sichert die eigene Position durch Anschluss an Berufsorganisationen ab, welche die Interessen wahren, schützen und fördern sollen. So ist der Einzelne durch die Masse gesichert. Man sichert sich politisch durch die Aufrüstung der Armeen, durch Verträge und ein ganzes Paktsystem ab.

Und doch bleibt die *Unsicherheit*, die nun einmal allem Menschlichen anhaftet. Man spürt trotz allem geradezu unheimlich den brüchigen Boden, auf dem der ganze Sicherungsbau ruht. Alles Menschliche ist vergänglich und bietet darum keine letzte und dauernde Sicherheit.

Davon spricht Christus im *Gleichnis vom reichen Toren.* Dieser Mann hat glänzend gewirtschaftet. Um sich abzusichern, behält er alles für sich, baut neue große Scheunen, legt Vorräte an, stapelt Reichtümer auf und hat damit das Gefühl der Sicherheit. Aber die Antwort Gottes lautet: »Du Tor, noch diese Nacht wird man dein Leben von dir fordern!« Der eigentliche Grund der Unsicherheit ist also die Vergänglichkeit des menschlichen Lebens. Die sichere Tatsache des Todes gibt allem anderen den Charakter des Unsicheren. Von dieser Sicherheit des Todes geht darum auch die moderne Philosophie aus und rollt von da aus die Frage nach dem Sinn der menschlichen Existenz auf. Wenn unser Sein nur ein Sein zum Tode ist, ist nicht nur dieses Sein, sondern damit auch alles menschliche Tun infrage gestellt. Jeder Versuch einer Sicherung ist als Trug entlarvt. Denn der Tod wird mit Sicherheit alle Sicherungen beiseiteschieben.

Soll man also in Unsicherheit leben? Auch das war und ist zum Teil heute noch große Mode. Nietzsche, dem alle bürgerliche Sicherheit in innerster Seele verhasst war, hat zur Unsicherheit aufgerufen und die Fahrt auf neue Meere gefordert und den Aufstieg auf neue Gipfel. Mussolini hat das *vivere pericolosamente* (»die Art, gefährlich zu leben«, Anm. d. Verl.) einem ganzen Volk als Ideal hingestellt. Und ein falscher Heroismus will eine grundsätzliche Bejahung menschlicher Unsicherheit als das allein Würdige verkünden. Aber der *Duce* (»Führer«, Anm. d. Verl.) ist mit seinem gefährlichen Leben der Gefahr erlegen, und Hitlers traumwandlerische Sicherheit hat nicht nur über das deutsche Volk, sondern über ganz Europa die Unsicherheit der Zukunft gebracht. Nötigt der Gedanke an den Tod zur Konsequenz, dass man sich mit der Unsicherheit alles Menschlichen abfinden und das Leben in Unsicherheit entweder gelassen hinnehmen oder wissend bejahen muss? Die Antwort Christi ist eine ganz andere. Er schließt das Gleichnis mit dem Lob dessen, der »auf Gott hin reich« ist. So sind in den Worten Christi die beiden entscheidenden Punkte der Sicherheitsfrage mit unüberbietbarer Treffsicherheit genannt: Tod und Gott. Der Tod als die Macht, die alle menschliche Sicherheit zerbricht. Und Gott als die Macht, welche die einzige Sicherheit bietet. Die christliche Linie besagt somit: nicht auf menschliche Absicherung vertrauen, deren Unsicherheit durch den Tod erwiesen ist, aber auch nicht ins Ungewisse hineinleben mit dem Fragezeichen hinter allem, sondern auf die einzige, aber dafür absolute Sicherheit und Sicherung *in Gott*.

Um das sichtbar zu machen, ruft Christus eine Elite auf zu freiwilliger, bewusster Preisgabe aller menschlichen Absicherungen, um ausschließlich und allein in Gott gesichert zu sein. Er fordert von dieser Elite die ganze Hingabe an Gott durch Preisgabe des Besitzes in freiwilliger Armut. Verlangt Verzicht auf die menschliche Absicherung in ehelicher Gemeinschaft durch die freiwillige Ehelosigkeit. Will den Verzicht auf Absicherung durch das eigene Ich und fordert an deren Stelle die Auslieferung in den Gehorsam. Und neben dieser Elite fordert Christus von allen, die seinen Namen tragen, dass sie letzte Sicherheit nur in Gott suchen. Was heißt Glaube anderes als bauen auf Gottes Wort, auch dort, wo Nachprüfung durch den menschlichen Geist nicht möglich ist? Was ist Gnadenbewusstsein anderes als das Zugeständnis der Unsicherheit und Unzulänglichkeit menschlicher Kraft und menschlichen Tuns, um die entscheidende Kraft und Sicherheit von Gott her zu erbitten? Was ist Empfang der Sakramente anderes als die Erkenntnis, dass es eine Sicherheit des Heils und der Heiligung nicht im Menschen gibt, sondern nur in Christus, der uns die Sakramente als Mittel und Wege des Heils und der Heiligung geschenkt hat? Was ist Kirche anderes als die Lehre, dass es in einer menschlichen Gemeinschaft keine letzte Geborgenheit gibt, sondern nur in der Gemeinschaft der Erlösten und in und mit Christus? Was ist die Jenseitshaltung des Christen anderes als die konsequente Schlussfolgerung aus der Tatsache des Todes, der für uns nicht ein Ende, sondern ein neuer und entscheidender Anfang ist, ein Schreiten aus dem Vorraum in den Festsaal, aus dem Helldunkel ins Licht?

Das Wort Gottes »Du Tor, noch diese Nacht wird man dein Leben von dir fordern« gilt dem Menschen, der auf menschliche und damit falsche Sicherheiten gebaut hat und nun im Erdbeben des Todes all seine Türme einstürzen sieht. Es gilt aber nicht dem Menschen, der seine Absicherung im allein sicheren Gott gesucht hat. Torheit ist Absicherung im unsicheren Menschen. Weisheit ist Absicherung in der Sicherheit Gottes.

Vom Kamel und vom Nadelöhr

(Keine Parabel, nur ein Bild. Aber so einprägsam in der Formulierung und so bedeutsam im Gehalt, dass man es nicht übersehen kann und nicht übergehen darf.)

Mk 10,23–27: Jesus blickte umher und sprach zu seinen Jüngern: Wie schwer werden die, welche viel Vermögen haben, in das Reich Gottes eingehen! Die Jünger aber staunten über seine Worte. Jesus wiederholte ihnen: Kinder, wie schwer ist es, dass die, welche auf Geld ihr Vertrauen setzen, in das Reich Gottes eingehen! Leichter geht ein Kamel durch ein Nadelöhr als ein Reicher in das Reich Gottes. Da verwunderten sie sich noch mehr und sprachen zueinander: Wer kann dann selig werden? Jesus blickte sie an und sprach: Bei den Menschen ist es unmöglich, aber nicht bei Gott; denn bei Gott ist alles möglich.

Schon der Wortlaut ist herausfordernd kühn. Der Inhalt ist geradezu eine Kampfansage an die moderne Welt.

I. Beginnen wir mit der *Formulierung.* »Eher geht ein Kamel durch ein Nadelöhr als ein Reicher ins Gottesreich.« Das größte Tier durch die kleinste Öffnung. Massiver kann man die Unmöglichkeit kaum ausdrücken. Schon sehe ich pedantische Wortklauber ihre schulmeisterliche Brille aufsetzen, die Stirne mit der Farbe vergilbter *Codices* in tadelnde Falten legen und gefährlich ihren spindeldürren, harten Finger der Gerechtigkeit erheben, um gegen solch übertriebene und überspitzte Behauptung ihren Protest anzumelden. O ihr verstaubten, ledernen Kritikaster! Nagt an euren Lippen und kaut an tausend Bleistiften! Christus hält sich trotz allem nicht an eure fein säuberliche Grammatik. Sein sprühender Geist bahnt überall neue Wege. Bewegt sich nicht auf dem traditionellen Trottoir eurer bürgerlichen Sprechweise. Er liebt geradezu die kühnen Formulierungen: »Ihr verschluckt Kamele und seiht Mücken.« – »Ihr seht nicht den Balken im eigenen Auge.« – »Reiß das Auge aus und hack deine Hand ab, wenn sie dir Ärgernis geben.« – »Ihr seid ein Natterngezücht und eine Schlangenbrut.« Es sind Sätze, die wie zuckende Schwertflammen in den Evangelien stehen. Die Worte Gottes sind nun einmal kein zierliches Blumenbeet, keine zurechtgestutzten Musterpflanzen menschlicher Baumschulen, sondern Sturm und Wetter Trotz bietende Tannen. Sind kein kunstvoll zusammengefügter Mosaikboden zierlicher Springbrunnen, sondern steil in den Himmel gereckte Bergriesen, von klatschenden Regengüssen und stechenden Eisnadelschauern gepeitscht. Immer groß, immer gigantisch, immer trutzig, immer aufrüttelnd. Die Sprache der Propheten, die grellen Blitze von Paulussätzen klingen ähnlich. Christentum ist keine Biedermeierangelegenheit, sondern Kampf um Gott und Teufel, Tod und

Leben, Himmel und Hölle. Christus ist ja nicht gekommen, den Frieden zu bringen, sondern das Schwert. Nicht den Schlafrock, sondern die Waffenrüstung Gottes. Darum sind die Evangelien keine Christoph-von-Schmid-Erzählungen für Harmlose, sondern schneidende Messer, rollende Donner, erschütternde Erdbeben in der Welt des Geistes. Schulmeisterseelen kommen darüber in Verlegenheit.

Noch schärfer ist der Widerspruch der Sentimentalen, der Schmelzigen, der Kitschigen. Sie melden sich nicht zu Wort. Ihre einzige Rettung ist, möglichst viel Wasser in diesen feurigen Wein Christi zu schütten. Die gefährlichen Sätze werden verharmlost. Sie erklären, dass Nadelöhr nicht Nadelöhr sei, sondern ein niedriges, schmales Tor in Jerusalem, durch das allenfalls ein Kamel noch hindurchrutschen könne. Nur sind sie bis heute den Beweis schuldig geblieben, dass dieses Tor tatsächlich existiert hat und in der Rede zu Galiläa wirklich gemeint war. Weil aber Nadelöhr Nadelöhr bleibt, haben sie dann versucht, das Kamel zu verkleinern, und haben erklärt, es gebe ein ähnlich klingendes Wort, das zu Deutsch »Schiffstau« bedeute. Das ist zwar richtig, und es ist damit das grobe, höckrige Kamel aus der Welt des Evangeliums geschafft, aber an der Sache nichts geändert. Denn ein Seil geht nie durch ein Nadelöhr. Die *Unmöglichkeit* bleibt. Und es bleibt die eindrucksvolle Sprechweise des Herrn, der ja auch das »unmögliche« Bild vom Kamelverschlucken gebraucht. Aber gerade an dieser Sprache nehmen sie Ärgernis. Denn von Kamelen reden und von den Schmerzen einer Kreißenden (vgl. Joh 16,21) und von der Entleerung des Darmes (vgl. Mk 7,19), das ist doch zu stark. Wo bleibt da die Salbung? Wo der Weihrauchduft? Wo der Gebetbuchstil? Und schließlich: Ist es nicht unklug, die Reichen mit Kamelen zu vergleichen? Das könnte man doch eines Tages zu fühlen bekommen. Man ist doch auf Finanzen angewiesen. Geld regiert nun einmal die Welt. Und auch katholische Unternehmungen müssen irgendwie finanziert werden. Also wird es doch wohl besser sein, man hüpft elegant über diesen peinlichen Satz hinweg. Überdeckt ihn mit frommem Redeschwall oder sucht durch geschickten Kommentar alle Ecken und Kanten abzufeilen, damit er als glatte Kugel widerstandslos durch die Predigt rollt.

Noch peinlicher ist der Widerstand hartschnäbliger Ketzerriecher, die auf jedem Sätzlein herumhacken, das ihnen nicht ganz *secundum Lucam* (»nach dem Evangelium nach Lukas«, Anm. d. Verl.) erscheint. Schade, dass Christus selber so scharf formuliert hat, sonst hätten sie bei solchen Sätzen mit roter Tinte ein bedrohliches Fragezeichen an den Rand gemalt und das ganze Skriptum ihrem Dossier häresieverdächtiger Schriften einverleibt. Hätte Christus nicht besser getan, sich an die schlichten Worte des Katechismus zu halten oder an die theologisch sicheren Formulierungen Denzingers, und etwa erklärt: *Si quis dixerit* (»Wenn jemand sagt«, Anm. d. Verl.), innere Anhänglichkeit ans Geld sei mit gottgewollter Selbstlosigkeit vereinbar, der sei im Banne.« Die Sprache der Lehrbücher scheint ihnen allein seligmachend. Kamel und Nadelöhr sind doch keine passenden Ausdrücke zur Illustration religiöser Wahrheiten! Überhaupt sollte man nach ihrer Auffassung alles irgendwie Kühne besser aus religiösen Büchern streichen. Das Imprimatur solcher Bücher ist nach ihrer Meinung nur dann berechtigt, wenn kein neuer Gedanke im Buch zu finden ist. Und ein besonderes *Decretum laudis* (»Belobigungsdekret«, Anm. d. Verl.) spenden sie dann, wenn sämtliche Sätze in der gleichen Formulierung anderswo auch schon gesagt waren. Dann ist die Tradition gesichert.

Selbstverständlich brauchen wir gewiegte Theologen, die verantwortungsvoll über die Reinheit der Lehren wachen, und dogmatischen Sturzreitereien soll keineswegs das Wort geredet sein. Aber man muss zu unterscheiden wissen zwischen Lehrbüchern der Wissenschaft und Schriften volkstümlicher Verkündigung. Beide haben ihre eigene Sprache.

Wahrhaftig, ein solcher Christussatz vom Kamel und vom Nadelöhr ist eine Winkelriedstat (Arnold von Winkelried opferte sich heldenhaft und ebnete den Schweizer Soldaten den Weg hinter die feindliche Front, Anm. d. Verl.). Er bricht eine Gasse für die Sprache von Predigern und Rednern, Schriftstellern und Laienaposteln, die das Evangelium nicht mit Chorrock und Stola von weltfernen Kanzelhöhen predigen, sondern in Fabriken und Büros, in Hörsäle und Eisenbahncoupés hineintragen und die Sprache unserer Zeit und unserer Menschen sprechen wollen. Es muss mehr Blut in unsere Verkündigung, mehr Lebensnähe und mehr Wirklichkeitssinn. Im Evangelium glüht Seite für Seite dieser Geist. Aber die Träger dieser Botschaft schütten so viel Schlacken darüber, dass man die Glut kaum mehr spürt. Lasst unsern Rednern, Schriftstellern, Künstlern, Gestaltern mehr Freiheit für ihre Formulierung! Aus der Bibel könnten wir's lernen. In allen möglichen Gewandungen tritt dort die Gottesbotschaft vor den Menschen. Sie jubelt in Liedern und Psalmen, klagt in erschütternden Lamentationen. Donnert in gewaltigen Reden. Rauscht in herrlichen Hymnen. Hämmert in originellen Sprüchen. Blitzt in kühnen Sätzen. Lockt und mahnt, droht und fleht in paulinischen Briefen. Doziert in ausgeglichenen Lehrkapiteln. Berichtet in historischen Darlegungen. Staunt mit den großen Augen von Kindern. Schreit in wildem Aufruhr des Volkes. Das Buch Ijob ließe sich beinahe so, wie es liegt, auf der Bühne in Szene setzen, so dramatisch ist die Handlung gebaut. Die Büchlein Rut und Ester lesen sich wie liebliche Novellen, Tobias wie ein religiöser Reiseroman. Und wie kühn und gewagt sind die Bilder des Hoheliedes. Wie überraschend, fast verletzend erscheinen uns manche Gesichte der Propheten. In tausend Formen und Formulierungen spricht das Gotteswort zu uns. Wie sind wir heute doch festgefahren und eingeengt in der Formgebung, Wortwahl und Symbolgestaltung! Wie stereotyp sind unsere Wendungen! Lasst doch die Architekten ruhig neue Wege gehen in der Raumgestaltung.

Lasst die Künstler neue Versuche machen in der Symbolgebung. Was sagen heute dem Volk der Phönix und der Pelikan? Wie wenig ist das alles ins Leben von heute hineingestellt, aus dem Empfinden von heute herausgewachsen. Legt auch nicht jedes Wort begnadeter Redner und um die Seelen moderner Menschen ringender Schriftsteller auf die Goldwaage und unters Inquisitionsmikroskop. Ist die religiöse Festgestaltung wirklich ins heutige Leben hineingestellt? Ist die religiöse Musik aus dem Herzen unserer Generation mit ihrem Hoffen und Sehnen, ihrem Klagen und Flehen geboren? Freiheit für die Formulierung, sonst wird schließlich das Evangelium nur noch den »Frommen« verkündet, nicht mehr den Suchenden und am allerwenigsten denen an Hecken und Zäunen.

Wahrhaftig, die kantigen, markigen, saftigen Worte vom Kamel und vom Nadelöhr rauschen wie erfrischender Regen aufs vertrocknete Erdreich aller Pedanten, fegen wie wilder Sturm in die muffigen Winkel sentimentaler Halleluja-Frömmigkeit und zucken wie scharfe Blitze in die schwüle Atmosphäre orthodoxiebeflissener Skrupulanten. Man atmet wieder freier, schreitet wieder froher, singt wieder heller, wenn man solche Bibelworte liest.

II. Wenn Jesus so scharfe Worte und ein so drastisches Bild gebraucht, muss es um eine ernste Sache gehen. Der irdische Besitz scheint doch eine erlaubte, harmlose, völlig indifferente Sache zu sein. Was hat das denn zu tun mit dem Reich Gottes? Aber gerade in der scheinbaren Harmlosigkeit der Sache liegt die Gefahr. Die äußere Neutralität wird unversehens zur Tarnung innerer Abhängigkeit, zum Beruhigungsmittel unruhiger Gewissen, zum betäubenden Opium wacher Christenmenschen: Darum die eindringlich warnende Stimme Christi: »Weh euch, ihr Reichen!« Darum das scheinbar übertriebene Wort: »Eher geht ein Kamel durch ein Nadelöhr, als ein Reicher ins Gottesreich.« Ist es nicht eigenartig, dass Jesus so oft und so eindringlich gegen die menschliche Anhänglichkeit an Geld und an

Reichtum spricht, während er eigentlich selten von der Unzucht und Sinnlichkeit redet? Aber die Versuchung zur Unzucht, verkehrte Regungen der Sinnlichkeit sind für den Menschen insofern weniger gefährlich, als er sie sofort als unrichtig, unerlaubt und verkehrt erkennt, während die Anhänglichkeit an den materiellen Besitz, wie Ignatius es in einer berühmten Betrachtung seines Exerzitienbuches darlegt, wie feine Fäden sich leise um die Menschenseele spinnen, die dann erst langsam, allmählich, bevor der Mensch recht denkt, dass er schon halb gefangen ist, zum Netz der Selbstgefälligkeit und schließlich zu schmiedeeisernen Ketten gottfeindlichen Hochmutes werden.

Wie soll demnach *die Einstellung eines Christen zum Besitz sein*?

Wenn man die Lehre Jesu über den irdischen Besitz verstehen will, darf man einen Einzeltext nicht aus dem Zusammenhang reißen, darf man überhaupt nicht bloß auf ein Einzelwort aufbauen, sondern muss alle entsprechenden Aussagen Christi überblicken und zusammenfassen. Dann ergibt sich in wenigen Strichen folgendes Bild:

1. *Der Besitz ist in sich* nichts Schlechtes, wird darum auch von Christus nicht verurteilt.

Jesus zählt unter seine Jünger auch den begüterten Nikodemus, die wohlhabenden Geschwister von Betanien, den reichen Josef von Arimathäa, den Finanzmann Zachäus und hat von ihnen keineswegs verlangt, dass sie ihren Besitz völlig drangeben müssen. Dem reichen Jüngling, der wissen will, was zur Erlangung des ewigen Lebens notwendig sei, schärft Christus einfach die Haltung der Zehn Gebote ein. Er kann also zum Himmelreich gelangen, ohne dass er seinen Reichtum opfern muss. Wenn in der Apostelgeschichte betont wird, dass die ersten Christen alles gemeinsam hatten (vgl. Apg 4,32), so ist im gleichen Zusammenhang aber auch betont, dass diese Verteilung nicht gefordert, verpflichtend, sondern völlig freiwillig, aus reinem Idealismus geboren war (vgl. Apg 5,4).

Es ist somit falsch, das ursprüngliche Christentum als proletarische Bewegung zu werten. Und unrichtig, in kompromisslosem Christentum irgendeine Form des Kommunismus zu sehen. Das zehnte Gebot, »Du sollst nicht begehren deines Nächsten Gut«, besteht auch im Christentum. Die Rechtmäßigkeit privaten Eigentums und Besitzes ist auch für den Christen die Basis der wirtschaftlichen Ordnung. Wenn religiöse Marxisten immer wieder das Gegenteil behaupten, so tragen sie ihre eigenen Ideen in die Bibel oder versteifen sich auf den einen oder anderen Satz, anstatt aus der *ganzen* biblischen Lehre wirklich das herauszulesen, was drinsteht.

Aber wird nicht durch diese Betonung von der Erlaubtheit des Besitzes das Kamel des Evangeliums ungeheuer verkleinert und das Nadelöhr ungebührlich vergrößert, sodass der Durchgang nicht mehr allzu schwierig wird und es wahrhaftig kein Wunder Gottes mehr braucht, ein solches Miniaturkamel durch jedes Reklame-Nadelöhr hindurchzubringen? Nein. Die Schwierigkeit bleibt in der ganzen Wucht bestehen. Denn

2. Christus fordert bedingungslos, mit unheimlichem Ernst, die *innere Freiheit* jeglichem Besitz gegenüber. Christentum ist wesentlich Gesinnungsethik. Darum geht christliche Reform nicht von außen nach innen, von Institution zum Geist, sondern immer wieder von innen nach außen, vom Geist zu den Formen.

So im *sozialen* Leben. Darum kann Paulus schreiben: »Wer Sklave ist, bleibe Sklave.« Ist das Sabotage sozialer Entwicklung? Verurteilung zu ewiger Rückständigkeit, Verewigung unmöglicher sozialer Verhältnisse? Nichts weniger als das. Man muss eben das Zweite hinzunehmen, das der gleiche Paulus im Geiste Christi betont: Es gibt nicht mehr Freie und Sklaven, und der Sklave ist durch Gott frei. Und die Herren sollen als Christen wissen, dass der Herr aller Herren gekommen ist, nicht um sich bedienen zu lassen, sondern um anderen zu dienen. Dass das Dienen also vor Gott ein Herrschen ist und das Herrschen ein Dienst am Volk sein soll. Diese völlig innere Umwandlung des Geistes, dieser Wandel der Gesinnung wird dann langsam, allmählich, in organischer Entwicklung, nicht in gewaltsamem Umsturz, in geistiger Evolution, nicht in zerstörender Revolution, die soziale Ordnung erneuern.

Genauso im *Politischen.* Das Wort Christi: »Gebt dem Cäsar, was des Cäsars ist«, gilt doch allen römischen Cäsaren, also auch Nero und Caligula. Es ist Anerkennung der rechtmäßigen Autorität, im Gegensatz zur aufrührerischen Gesinnung und zu rebellischem Aufbegehren. Besagt es rechtloses Ausgeliefertsein an jede Tyrannei? Widerstandsloses Sich-ducken-Müssen unter der Hand des Starken? Keineswegs! Denn einmal gilt auch das andere Wort der Bibel: »Man muss Gott mehr gehorchen als den Menschen«, die *Magna Charta* der Gewissensfreiheit gegen jede Vergewaltigung. Und dazu jenes Wort des Römerbriefes, dass die politische Macht Gottes Gehilfin zum Guten sei (vgl. Röm 13), irdische Macht also einbaut in die Macht Gottes und ihr so die gottgesetzten Grenzen zieht und Schranken errichtet. Auch der Cäsar wird Christ werden und dann wissen, dass Erste Letzte und Letzte Erste sein werden. Wissen, dass er seine Macht von Gott erhalten hat, um Gutes zu tun, zu helfen und zu dienen. So wird christlicher Geist neue politische Ordnung schaffen.

Das Gleiche gilt vom *wirtschaftlichen* Leben. Nicht eine Änderung der Besitzverhältnisse ist das Primäre, sondern eine Änderung der Einstellung zum Besitz. Gesinnungsänderung als Ausgangspunkt besserer Wirtschaftsordnung. Hier setzt Christus den Hebel an. Und zwar mit aller Kraft und aller Wucht. Immer wieder betont er die innere Freiheit dem irdisch-materiellen Besitz gegenüber. Zeigt die Vergänglichkeit des Irdischen, jener Schätze, die von Rost und von Motten verzehrt werden (vgl. Mt 6,20), an die man darum das Herz nicht hängen soll. Zeigt, dass der Reichtum allzu leicht Dorngestrüpp werden kann, unter dem die aufkeimende Saat des neuen Geistes zu ersticken droht (vgl. Mk 4,18). Weist darauf hin, wie der Reichtum den Menschen verweichlicht und ihn hartherzig macht. Der richtige Geist ist es auch, den Jesus meint, wenn er in der Bergpredigt sagt: »Sorget nicht *ängstlich*, was werden wir essen, was werden wir trinken, womit uns bekleiden?« Die Gesinnung ist es auch, die hier in der Aussprache mit dem reichen Jüngling im Mittelpunkt steht. Daher das Wort Jesu: »Wie schwer ist es für jene, die ihr Vertrauen auf das Geld setzen, in das Reich Gottes einzugehen!« Nicht Geld zu haben ist das Hindernis, sondern auf das Geld zu vertrauen, also die falsche innere Haltung. Es ist immer wieder dieses eine Gleiche, was als gottwidrig, als Gefahr, als das Unreligiöse und Unchristliche herausgearbeitet wird.

Diese Forderung Christi nach innerer Freiheit gegenüber dem irdischen Besitz ist nun in der Tat eine Kampfansage an die moderne Welt. Woher denn das übersetzte Tempo des heutigen Arbeitsrhythmus, wenn nicht aus der *auri sacra fames* (»dem verfluchten Hunger nach Gold«, Anm. d. Verl.)? Woher der tolle Run unserer Wirtschaft, die brutale Ellbogenpolitik, das unbarmherzige Zertreten des Konkurrenten, der hysterische Schrei der Reklame, die Wahnsinnsausbrüche bei den Schwankungen der Börse, die Selbstmorde bei Währungskrisen, Geschäftsliquidationen und Konkurserklärungen? Woher all das, wenn nicht aus dem krampfhaften Sichanklammern an den Besitz? Zu Tausenden und Abertausenden haben die Menschen sich restlos an den Besitz verschrieben. Das Geld ist ihnen zum Götzen geworden. Darum sind sie unfähig, ins Reich Gottes einzugehen. Gott hat für sie höchstens die Bedeutung, dass er ihnen helfen muss, reich zu werden, und sie beschützen und bewahren muss vor finanziellen Katastrophen. Er ist also nicht der Herr ihres Lebens, sondern ihr Knecht. Sie haben bei der Wahl zwischen Mammon und Gott sich für den Ersteren entschieden. Solche Menschen können allerdings so wenig ins Himmelreich eingehen wie ein Kamel durch ein Nadelöhr. Sie sind gemeint. Wenn das 19. Jahrhundert, vor allem im Marxismus, geradezu den Primat des Ökonomischen zum Prinzip erhebt, alles andere nur als leichten, luftigen Überbau über dem Wirtschaftlichen gelten lässt, so ist dieses Bauen auf den Besitz geradezu ein Dogma unserer Zeit geworden. Darum ist sie wesentlich antichristlich. Darum müssen die babylonischen Türme unserer Kultur krachend einstürzen. Muss das Chaos kommen. Muss Europa ein Trümmerfeld werden, wenn nicht die Umkehr des Geistes, die Reform der Gesinnung und das Christentum mit aller Macht um sich greifen.

3. Diese innere Freiheit ist so wichtig und andererseits so schwierig, dass Christus eine Elite der Menschheit auch zur *äußeren* Besitzlosigkeit ruft. Es ist die Forderung der freiwilligen Armut, des nicht bloß inneren, sondern auch äußeren Verzichtes. So wie Jesus Ehelose um des Himmelreiches willen in seiner Gefolgschaft hat, damit sie eine lebendige Verkündigung der Freiheit vom sinnlichen Begehren darstellen, so will er immer eine Gruppe freiwillig Armer in seiner Kirche haben als lebendigen Aufruf zur Freiheit von Geld und Gut. Es wird notwendig immer eine kleine Zahl sein. Aber sie muss immer wieder zu finden sein. Zu dieser Elite hat er den reichen Jüngling berufen wollen: »Eins fehlt dir noch: Geh hin, verkaufe alles, was du hast!« Immer wieder haben darum kirchliche Reformen als Armutsbewegung begonnen. So in den ersten Jahrhunderten, wo nach der Beendigung der blutigen Verfolgungen die Weltlichkeit sich in breitem Strom in die Kirche ergoss und die Besten als Gegenstoß allem entsagten und in völliger Entbehrung in der Wüste lebten. So im Mittelalter, wo die Bettelorden durch ihren Geist der Armut die vom Reichtum bedrohte Christenheit erneuerten. So die Reformen innerhalb der Orden selbst, etwa die Bewegungen der Zisterzienser und der Cluniazenser.

Die freiwillig Armen, und zwar wirklich Armen, sollen immer wieder eine lebendige Mahnung für die anderen sein. Ein Aufrütteln des Gewissens und eine rücksichtslose Demaskierung eines jeden falschen Scheins. Denn immer wieder betrügt man sich selbst und andere. Man redet von Liebe und meint die Mitgift. Man spricht vom Eintreten für die höheren Ziele der Partei und die Interessen des Volkes, sichert sich aber einen fetten Posten. Man schützt die Minderheiten, aber auch die Goldbestände, die man bei den Minderheiten findet. Man führt Kriege im Dienste der nationalen Ehre, versteht aber darunter die Kaliwerke und Erzlager, die Getreidefelder und Ölquellen. Geld regiert die Welt. Diese Regenten will das Christentum vom Throne stürzen. Diese Götzenbilder Mammons will es zertrümmern. Diese goldenen Kälber, um die in allen Völkern getanzt wird, will es zerschlagen.

So rundet sich die christliche Lehre vom Besitz zu einem geschlossenen Ganzen ab: Die Rechtmäßigkeit des Besitzes wird gewahrt und gesichert. Die innere Freiheit dem Besitz gegenüber rückhaltlos betont. Und eine Elite von Menschen, die auch äußerlich sich frei macht von allem Gut, soll diesen inneren Geist immer lebendig halten. Dann wird der Mensch sein Geld nicht zum Götzendienst des Egoismus gebrauchen, sondern zum Gottesdienst christlicher Lebensgestaltung.

Wer glaubt, diese innere Freiheit zu haben, soll einmal anfangen, in großem Stil Gutes zu tun, für geistige Bestrebungen Mäzen zu sein, nach allen Seiten den Bedürftigen zu helfen. Dann wird er zu seiner Überraschung sehen, dass es um seine innere Freiheit kläglich bestellt ist. Das Kamel und das Nadelöhr werden auf einmal bedrohlich vor ihm stehen. Was dann? Dann soll er anfangen, Christ zu werden. Denn »bei Gott ist alles möglich«.

WAS HEISST GLÜCK?

Gleichnis vom reichen Prasser und vom armen Lazarus

Lk 16,19–31: Es war ein reicher Mann, der sich in Purpur und feine Leinwand kleidete und alle Tage herrlich und in Freuden lebte. Ein Armer namens Lazarus lag, mit Geschwüren bedeckt, vor seiner Türe und begehrte, sich mit den Abfällen des Reichen zu sättigen. Sogar die Hunde kamen und leckten an seinen Geschwüren. Nun geschah es, dass der Arme starb. Er wurde von den Engeln in Abrahams Schoß getragen. Auch der Reiche starb und wurde begraben. Als er nun in der Hölle inmitten der Qualen seine Augen erhob, sah er Abraham von ferne und Lazarus in seinem Schoß. Da rief er: Vater Abraham, erbarme dich meiner und sende Lazarus, dass er seine Fingerspitze ins Wasser tauche und meine Zunge kühle, denn ich leide große Pein in dieser Glut. Abraham erwiderte: Bedenke, mein Sohn, dass es dir im Leben gut gegangen ist, Lazarus hingegen schlecht. Jetzt wird er hier getröstet, du aber wirst gepeinigt. Zu alledem gähnt zwischen uns und euch eine so große Kluft, sodass die, welche von hier zu euch hinüberwollen, es nicht vermöchten und die von dort nicht zu uns herüberkönnten. Da sagte er: Dann bitte ich dich, Vater, sende ihn in das Haus meines Vaters. Ich habe nämlich noch fünf Brüder, die soll er warnen, damit nicht auch sie an diesen Ort der Qual kommen. Abraham erwiderte: Sie haben Moses und die Propheten, die sollen sie hören. Er entgegnete: Nein, Vater Abraham, sondern wenn einer von den Toten zu ihnen kommt, werden sie Buße tun. Er antwortete ihm: Wenn sie auf Moses und die Propheten nicht hören, so werden sie sich auch nicht überzeugen lassen, wenn einer von den Toten aufersteht.

Beim ersten Anhieb ist man versucht, die Parabel vom reichen Prasser und vom armen Lazarus in dem Sinn zu deuten, dass der Reiche mildtätig sein müsse und der Arme geduldig. Aber davon steht nichts in der Parabel. Wenn es in manchen Übersetzungen heißt, Lazarus hätte sich gerne mit den Abfällen vom Tisch des Reichen begnügt, aber niemand gab sie ihm, so ist dieses letzte »niemand gab sie ihm« ein späterer Einschub, der im Urtext nicht steht. Vor allem aber ist in der Rede Abrahams nicht die leiseste Andeutung über die Geduld des Lazarus und die Hartherzigkeit des Prassers zu finden. Es handelt sich also nicht darum.

Oder ist die Parabel einfach proletarisches Ressentiment gegen alle Besitzenden und ein Sympathisieren mit allen, die im Elend sind? Zündende Stichflamme sozialer Revolution? Abreagieren des Zu-kurz-Gekommenen? Oder ist sie umgekehrt ein billiges Vertrösten aufs Jenseits und somit einschläferndes Opium fürs dumme Volk? Auch darum handelt es sich nicht. Der Hintergrund ist ein ganz anderer.

Die Israeliten waren überzeugt, dass Reichtum ein Zeichen göttlichen Segens und Armut ein Beweis der Gottverlassenheit sei. Die Sadduzäer glaubten überhaupt nicht an ein Weiterleben nach dem Tod. Und für die anderen war das Jenseits nur ein Schattenreich. Wer also Gott dient, muss den Lohn schon in diesem Leben erhalten. »Auf dass es dir wohlergehe und du lange lebest auf Erden.« Gegen diese materialistisch-irdische Auffassung richtet Christus sein Gleichnis. Darum malt er auch den Gegensatz in grellsten Farben. Der Reiche lebt in unglaublichem Luxus, der Arme in unbeschreiblichem Elend. Folglich müsste der Erste ein Gottgesegneter, der Zweite ein Verfluchter sein. Dann fällt der Vorhang und der zweite Akt im Jenseits zeigt das Gegenteil. Der Reiche war ein Gottverlassener und der Arme ein Liebling des Herrn. Und so geht es nun dem Ersten im Jenseits schlecht und dem Zweiten gut. Abraham spricht zum Prasser: »Dir ist es in deinem Leben gut gegangen, dem Lazarus dagegen schlecht. Nun wird er hier getröstet, du aber wirst gepeinigt« (vgl. Lk 6,25). Materieller Wohlstand ist also in keiner

Weise gleichbedeutend mit Glück. Irdische Armut bedeutet ebenso wenig Unglück. Der jüdische Maßstab ist falsch. Der Materialismus hat sich aber ins Denken nicht nur der Juden, sondern aller Menschen so eingefressen, dass Christus im Gleichnis sagt, selbst wenn einer von den Toten zurückkäme, um sie zu informieren, würde es nichts nützen. So war es damals. So ist es heute. Immer wieder verwechseln die Menschen den Reichtum mit dem Glück und die Armut mit dem Unglück. Gottes Urteil ist aber völlig anders. Das Materielle entscheidet darin nicht. Der Tod kann eine völlige Umwälzung mit sich bringen und aus Beneideten Bedauerte machen und aus Bedauerten Beneidete. Diejenigen, die hier auf der obersten Sprosse des Wohlstandes stehen, können dann unter Umständen zuunterst liegen und umgekehrt. Das finanzielle Einkommen und die Höhe des Bankkontos sind keineswegs proportional zur Gnade Gottes. Anderthalb Jahrhunderte lang hat man nun durch den Marxismus das Ökonomische als das allein Entscheidende hingestellt und damit eine Überbetonung des Wirtschaftlichen gebracht. Zu gleicher Zeit hat das Manchestertum (extremer wirtschaftspolitischer Liberalismus mit der Forderung nach völliger Freiheit der Wirtschaft, Anm. d. Verl.) eines falschen Liberalismus den hemmungslosen wirtschaftlichen Kampf ausgelöst. So ist der materielle Lebensstandard und der wirtschaftliche Wohlstand im Leben des Einzelnen und im Denken der Klassen und Völker so sehr in die Mitte gerückt, dass der Mammon geradezu der Götze dieses Jahrhunderts geworden ist. Wer nicht in erster Linie um finanzielle Vorteile besorgt ist, gilt als lebensuntüchtig oder als weltfremder Schwärmer. Wer dagegen zu Wohlstand und Reichtum kommt, hat nach allgemeiner Überzeugung das Leben gemeistert und sein Glück geschmiedet.

Und doch ist einer von den Toten zurückgekommen, Jesus Christus selbst, und hat ihnen gesagt, dass sie eine Umwertung ihrer Werte vornehmen müssen, weil Gottes Maßstab sich nicht mit dem ihren decke und weil irdisch-materielles Glück zu ewigem Unglück, irdisches Unglück dagegen zu ewigem Glück führen könne. Aber er predigt tauben Ohren. Sie wissen es besser. Erst wenn der zweite Akt jenseits des Eisernen Vorhanges der Menschheit beginnt, werden ihnen die Augen aufgehen. Aber dann ist es zu spät. Ihre Jagd nach Glück hat dann mit dem Sturz ins Unglück geendet. Und Unglückliche, für die man hier nur mitleidiges Achselzucken hatte, werden dann das Glück finden. Das christliche Umlernen ist eine schwierige Sache. Die schreienden Farben der Parabel, der aufrüttelnde Gegensatz zwischen dem Prasser und Lazarus lässt jedenfalls an Deutlichkeit nichts zu wünschen übrig. Wer dem Glück auf falschem Wege nachjagt, hat keine Entschuldigung.

Von Baumeistern und Generälen

Lk 14,25–33: Wer zu mir kommt, aber Vater und Mutter, Frau und Kinder, Brüder und Schwestern, ja sogar sein eigenes Leben nicht hasst, kann mein Jünger nicht sein. Wer sein Kreuz nicht trägt und mir nicht folgt, kann mein Jünger nicht sein. Will einer von euch einen Turm bauen, setzt er sich dann nicht zuvor hin und berechnet die Kosten, ob er die Mittel zur Ausführung des Baues habe? Wenn er nämlich den Grund legt, nachher aber den Bau nicht vollenden kann, dann muss er fürchten, dass alle, die es sehen, ihn verspotten und sagen: Der fing einen Bau an und konnte ihn nicht fertigbringen. Oder wenn ein König gegen einen anderen König in den Krieg ziehen will, setzt er sich dann nicht zuvor hin und überlegt, ob er mit zehntausend Mann dem entgegentreten könne, der mit zwanzigtausend gegen ihn heranzieht? Kann er das nicht, so lässt er jenen, solange er noch fern ist, durch eine Gesandtschaft um Frieden bitten. So kann also keiner von euch, wenn er nicht all seiner Habe entsagt, mein Jünger sein.

Zum Bauen braucht man Geld und zum Kriegführen Soldaten. Wer ohne finanzielle Reserven zu bauen anfängt, wird nach einiger Zeit das unvollendete Werk verlassen müssen oder Schulden machen, aus denen er zeitlebens nicht mehr herauskommt, oder in Konkurs geraten. Wer ohne die nötige militärische Macht in den Krieg zieht, wird es mit seiner Ehre oder auch seiner Freiheit und seinem Leben bezahlen müssen. So war es zu allen Zeiten. Wenn Christus die Bedingung zu seiner Nachfolge mit dem Geld des Baumeisters und den Soldaten des Generals vergleicht, so gibt er der Parabel eine höchst merkwürdige Wendung. Man sollte erwarten, dass man auch für die ganze Hingabe an Christus etwas besitzen müsse wie der Baumeister und der General. Aber Christus wendet die Forderung ins Gegenteil: Für die ganze Nachfolge Christi braucht es nicht einen Besitz, sondern einen Verzicht. Und zwar den gänzlichen, völligen Verzicht auf alles. Das Reich Gottes folgt anderen Gesetzen als die Unternehmungen der Menschen. Bei diesen braucht es die natürlichen Kräfte und Hilfsmittel. Beim Reich Gottes braucht es den völligen Verzicht auf das Eigene, damit ganz die Kraft Gottes zur Entfaltung komme. Ganze Hingabe an Christus besagt eben nicht gewöhnliches menschliches Leben, das auf Christus hin verlängert wird. Gewöhnlich-menschlicher Bau, dem ein besonderes Stockwerk beigefügt wird. Gewöhnlich-menschlicher Kampf, der neuen Zielen gilt. Sondern es ist etwas ganz anderes. Es ist ein Tun Gottes, dem der Mensch nichts in den Weg stellt, sondern dem der Mensch vielmehr alle Hindernisse aus dem Weg räumt und dem er sich völlig überlässt und ergibt.

Es bedeutet Verzicht auf *äußeren Besitz*, und zwar, wie Christus ausdrücklich sagt, »allen Besitz«. Der Mensch muss die Hände frei haben, darf keinen Ballast mitschleppen. Darf nicht durch Anhänglichkeiten an Haus und Scholle, an Möbel und Geld zu schwerfällig und unbeweglich sein. Er muss in der Nachfolge Christi auch den Gegenstoß gegen den Materialismus führen. Muss zur Überwindung des Mammondienstes ein mammonfreies Leben führen. Muss alle Gewichte auf die Waagschale der Armut werfen, um die Waage der Menschheit, die immer wieder auf die Seite des Materiellen heruntergezogen wird, einigermaßen ins Gleichgewicht zu bringen.

Er muss auch *menschliche Anhänglichkeiten* opfern: »Vater und Mutter, Frau und Kind, Bruder und Schwester«. Er muss, wie Jesus es schon als zwölfjähriger Knabe im Tempel formuliert hat, »in dem sein, was des Vaters ist«. Kann es sich also nicht in einem bürgerlichen Nazareth bequem machen. Gewiss sind Ehe und Familie etwas Gottgegebenes. Aber es ist Bindung, von der diejenigen frei sein müssen, die ausschließlich an Gott gebunden sind.

Nachfolge Christi besagt endlich einen Verzicht auf das eigene Ich. Und zwar ist es auch hier totaler Verzicht. Man muss »sein eigenes Leben« drangeben.

Der Kampf gegen den menschlichen Egoismus, gegen die überall und immer wieder sich geltend machende Ichsucht wird durch den Verzicht auf die Ichbetonung, also durch Selbstverleugnung gefordert. Es geht somit in der Nachfolge Christi nicht darum, sich selbst, seine Ideen und Pläne durchzusetzen, sondern auf alles zu verzichten, um nur Werkzeug in der Hand eines anderen zu sein, nur Bote, der im Auftrag eines anderen steht. Es ist ein völliges Aufgehen in der Stromrichtung Christi. Das Einzige, was der Mensch dabei noch haben kann und soll, ist, wieder nach der ausdrücklichen Formulierung Jesu, das Kreuz. »Wer nicht sein Kreuz trägt und mir nachfolgt, kann mein Jünger nicht sein.« Also der einzige Besitz ist das Zeichen des Opfers, der Hingabe zum Tod. Christus fordert den Menschen, der völlig in seinen Dienst treten will, ganz und ausschließlich. Mit der Eifersucht Gottes, von der die Bibel oft redet, wacht er darüber, dass der Mensch niemand anderem gehört als ihm.

Es ist eine unerhört radikale Forderung. Eine totale Inanspruchnahme. Eine Forderung restlosen Einsatzes und bedingungsloser Hingabe. Christus formuliert dieses Gleichnis gegenüber denjenigen, die in erstem, überquellendem Enthusiasmus, in jugendlicher Begeisterung, ohne reifliche, ernste Überlegung ihre Hingabe anbieten. Ihnen zeigt Christus das ganze Gewicht, den tiefen Ernst und die letzte Konsequenz des Jawortes. Lieber nicht bauen, als mitten im Bau stecken zu bleiben! Lieber rechtzeitig mit einem Gegner verhandeln, als es leichtsinnig darauf ankommen zu lassen! Also lieber keinen Entschluss zum ausschließlichen Dienst an Christus, als nur halbe Sache zu machen. Halbe Sache ist halber Verzicht. Wer sich doch noch einiges zurückbehält, einige Bedingungen und Klauseln beifügt, irgendwo ein letztes *Réduit* einer Sicherung baut, um sich nicht völlig und bedingungslos dem Herrn auszuliefern, hat die Nachfolge Christi unüberlegt angetreten. Ganze Hingabe heißt, die Brücken hinter sich abzubrechen, die Schiffe zu verbrennen. Das ist der Sinn der Ordensgelübde mit ihrem Endgültigkeitscharakter, ihrer völligen Loslösung von Besitz und Menschen und Eigenwillen zu völliger Bindung an Christus, an den Reichtum seiner Gnade, an die Größe seiner Liebe und an die Heiligkeit seines Willens.

Nicht jeder ist zu dieser Art, zu diesem Weg, zu diesem Stand der ganzen Nachfolge berufen. Darum muss jeder, der sich berufen glaubt, sich prüfen, ob er zur Erfüllung dieser Bedingungen bereit ist, wie der Baumeister seine Finanzen überprüft und seine Berechnungen anstellt und der Heerführer seine Truppen zählt und ihre Schlagkraft prüft. Mit Begeisterung allein ist es nicht getan. Das Zeichen ihrer Echtheit ist die Bereitschaft zu völliger Entsagung. Die letzte Größe und der tiefe Ernst der Forderungen Christi ist hier sichtbar. Es gibt nur eines, das den Menschen veranlasst, trotzdem diesen Schritt zu wagen, lächelnd alles beiseitezuschieben und das bedingungslose Jawort zu sprechen. Dieses eine ist Christus selbst, der Herr, vor dessen Größe alles andere verschwindet, vor dessen Herrlichkeit alles irdische Leuchten verblasst, vor dessen Liebe alle menschliche

Liebe zerflattert. Darum beginnt Christus seine unerhörte Forderung mit den schlichten und doch alles erklärenden Worten: »Wenn jemand zu mir kommt.« Es ist Entsagung zu vollem Gewinn. Armut zu größtem Reichtum. Einsamkeit zu beglückendster Gemeinschaft. Verzicht auf das Ich zur Verherrlichung des allein großen Du. Mit einem Wort: Es ist Drangabe von allem, weil es Hingabe an Christus ist.

DIE SÜNDE

Der verlorene Sohn

Lk 15,11–31: Ein Mann hatte zwei Söhne. Der jüngere von ihnen sagte zum Vater: Vater, gib mir den Teil des Vermögens, der mir zukommt. Da teilte er das Vermögen unter sie. Wenige Tage darauf packte der jüngere Sohn alles zusammen und zog in ein fernes Land. Dort vergeudete er sein Vermögen durch ein ausschweifendes Leben. Als er alles aufgebraucht hatte, entstand eine große Hungersnot in jenem Lande, und er fing an, Mangel zu leiden. Da ging er hin und verdingte sich bei einem Bürger jenes Landes, der ihn auf seine Felder schickte, die Schweine zu hüten. Gern hätte er seinen Hunger mit den Schoten gestillt, welche die Schweine fraßen, aber niemand gab sie ihm. Da ging er in sich und sagte: Wie viele Tagelöhner meines Vaters haben Brot im Überfluss, ich aber komme hier vor Hunger um. Ich will mich aufmachen, zu meinem Vater gehen und zu ihm sagen: Vater, ich habe gesündigt wider den Himmel und vor dir, ich bin nicht mehr wert, dein Sohn zu heißen, halte mich wie einen deiner Tagelöhner. Er machte sich auf und ging zu seinem Vater. Sein Vater aber sah ihn schon von Weitem und wurde von Mitleid ergriffen. Er eilte ihm entgegen, fiel ihm um den Hals und küsste ihn. Der Sohn aber sagte zu ihm: Vater, ich habe gesündigt wider den Himmel und vor dir, ich bin nicht mehr wert, dein Sohn zu heißen. Doch der Vater sagte zu seinen Knechten: Bringt schnell das beste Gewand und zieht es ihm an. Gebt ihm einen Ring an die Hand und Schuhe an die Füße. Dann holt das Mastkalb und schlachtet es, wir wollen essen und fröhlich sein. Denn dieser mein

Sohn war tot und lebt wieder, er war verloren und ist wiedergefunden. Da fingen sie an, fröhlich zu sein. Sein älterer Bruder war unterdessen auf dem Felde. Als er heimkehrte und sich dem Hause näherte, hörte er Musik und Tanz. Er rief einen von den Knechten und erkundigte sich, was das zu bedeuten habe. Der antwortete ihm: Dein Bruder ist gekommen. Nun hat dein Vater das Mastkalb schlachten lassen, weil er ihn gesund zurückerhalten hat. Er wurde zornig und wollte nicht hineingehen. Sein Vater kam heraus und redete ihm freundlich zu. Er aber entgegnete dem Vater: Schon so viele Jahre diene ich dir und habe noch nie dein Gebot übertreten. Doch mir hast du noch nie ein Böcklein gegeben, damit ich mit meinen Freunden fröhlich sei. Da nun dieser dein Sohn gekommen ist, der dein Vermögen mit Dirnen verprasst hat, hast du ihm das Mastkalb schlachten lassen. Er erwiderte: Mein Sohn, du bist immer bei mir, und alles, was mein ist, ist dein. Wir mussten doch fröhlich sein und uns freuen; denn dieser dein Bruder war tot und lebt wieder, er war verloren und ist wiedergefunden.

Die erste Gestalt: Dem jüngeren Sohn fehlte das Recht der Erstgeburt. So konnte er zu Hause auf der Scholle keine Karriere machen. Außerdem war er der Überzeugung, dass er nun schon längst den Kinderschuhen entwachsen und nicht weiter am Gängelband zu führen sei. Ein rechter Mann sei seines Glückes eigener Schmied. Und überhaupt müsse man die Welt gesehen haben. So ließ er sich seinen Anteil ausbezahlen und zog voller Pläne und Hoffnungen in die weite Welt. Ein junger Mensch mit Rasse und Geld braucht auf den weiblichen Anhang nicht lange zu warten. Aber diese männliche Unschuld vom Lande merkte nicht einmal, was für Gesindel ihn da umschwärmte. Als sie ihn völlig ausgepumpt hatten, warfen sie ihn weg wie ein ausgesogenes Ei. Und nun ging's jählings abwärts, bis er bei den Schweinen landete. Das war nicht nur sozial die unterste Stufe, sondern für einen Juden auch religiös verunreinigend.

Wer immer in der Caritas oder in sozialen Institutionen arbeitet, weiß, dass nicht nur die Liebe durch den Magen geht, sondern häufig genug auch die Bekehrungen mit der Magenfrage beginnen. »Viele Tagelöhner meines Vaters haben Brot im Überfluss, und ich komme hier vor Hunger um.« Immerhin hat die erzwungene Einsamkeit den jungen Menschen auch zu innerer Einsicht und Umkehr geführt. So rafft er sich auf und kehrt zurück. Es ist eine wirkliche Bekehrung um 180 Grad. Hochfahrend, reich und selbstbewusst ist er ausgezogen. Klein, verlumpt und armselig kehrt er zurück.

Diese Symbolgestalt des Heidentums, die Christus zeichnet, ist erschütternd. Die Menschheit hat das geistige, sittliche, religiöse Erbe, das Gott ihr auf den Weg gegeben hat, vertan und verschleudert. Das falsche Selbstbewusstsein, das selbstherrliche Gehabe hat zur Katastrophe geführt. Gott wurde verlassen und die Götzen des Mammons, der Sexualität und des Machtgefühls wurden an seine Stelle gesetzt. Der Abfall von Gott und die Anbetung von Götzen ist aber nach der Bibel immer ein Sichwegwerfen vor Huren und Dirnen. Und das Ganze endet nicht nur in der materiellen und wirtschaftlichen Not, in selbst verschuldetem Elend, sondern im Schmutz. Eine säkularisierte Welt, die Gottes Autorität, die Heimat des Gottesreiches, den Reichtum der Gottesgnade verlassen und verloren hat, gelangt mit innerer Notwendigkeit ans Ende der Sackgasse des Unglaubens. Dort kann man entweder in verbissenem Trotz sich festhalten oder sich in falschem Heroismus auf die Haltung der Verzweiflung noch etwas einbilden. Oder man zieht die Konsequenzen aus der Einsicht und findet den Weg zurück zum Glauben und damit zu neu erworbenem, jetzt ganz anders gewürdigtem, in der Zukunft aber auch besser verteidigtem Glück. Die Parabel ist wie eine Geschichte der Menschheit in den letzten 150 Jahren.

Die zweite Gestalt: Der Vater wartet. Darin liegt ein Zweifaches. Einmal die Tatsache, dass er den weggelaufenen Sohn nicht zurückhält und ihm auch nicht nachgeht. Er soll am eigenen Leib erfahren, wie es draußen aussieht. Der Mensch, der keine Gnade will, soll spüren, was das Leben ohne Gnade ist, und erkennen, dass er auf Gnade und Barmherzigkeit angewiesen ist, wenn er nicht an Leib und Seele verkommen will. Gott wartet. Er wartet bei den Verirrungen des Einzelmenschen und bei den falschen Wegen ganzer Völker. Er hat den Menschen zur Freiheit erschaffen und verwehrt ihm daher nicht, sich in Freiheit auch falsch zu entscheiden. Gott weiß, dass Bekehrte oft treuer sind als Menschen, die nie gefallen sind. Der Weg durch die Sünde ist der Weg zur Würdigung der Gnade. Und der zeitweilige Abfall von Gott kann zu größerer Verherrlichung Gottes führen. Auch die Sünde kann ein Weg zu Gott sein.

Ein Zweites liegt in diesem Warten. Der Vater der Parabel hat den Sohn nicht aufgegeben und noch viel weniger ihn verurteilt. Er wartet schweigend. Er glaubt an das Gute, das in diesem jungen Menschen steckt, hofft, dass der glimmende Docht wieder einmal aufleuchten werde, und liebt auch den verlorenen Sohn. Gott wartet auch mit Völkern, Generationen und mit der ganzen Menschheit. Zur Einsicht ist es nie zu spät. Keine Situation ist hoffnungslos. Zum Pessimismus wäre nur Grund, wenn Gott nicht wartete. Jede Umkehr findet offene Arme. Nicht einmal das volle Bekenntnis der eigenen Erbärmlichkeit wird zugelassen. Denn alles versinkt in der festlichen Freude der Heimkehr, in Tanz, Musik, Festgewand und Feier. Das geknickte Rohr wird zum blühenden Baum. Kein Wort einer Strafpredigt, kein Satz einer Philippika, kein pedantisches »Ich habe es dir doch gesagt«, kein moralisierendes »So geht es einem«. Sondern größere Liebe und engere Verbundenheit ist das Ergebnis einer Wiederbegegnung von Vater und Sohn.

Die dritte Gestalt: Der Erstgeborene, ursprünglich Bevorzugte, macht eine klägliche Figur. Man hat den Eindruck, dass er gar nicht aus Charaktergröße zu Hause geblieben ist, sondern aus Mangel an Temperament und aus bürgerlicher Bravheit. Es fehlt ihm jede Großzügigkeit. Darum sieht er die Heimkehr des verlorenen Sohnes ungern. Schmollend und grollend steht er abseits. Zählt seine eigenen Verdienste auf. Beklagt sich, dass er nicht genügend gewürdigt werde. Ist sich seiner Geborgenheit im Hause des Vaters gar nicht bewusst und führt ein schwungloses Tugendleben. Christus will Israel zeichnen, das erwählte, bevorzugte Gottesvolk, das in pharisäischer Selbstgefälligkeit sich besser dünkt als die anderen, die eigenen Leistungen rühmend erwähnt und keineswegs geneigt ist, die Tore des Gottesreiches auch anderen zu öffnen. Es ist aber auch eine Zeichnung falscher Frömmigkeit, die nicht nur im damaligen Israel, sondern auch im heutigen Christentum zu finden ist. Alles Sich-besser-Dünken, alles muffige Verweilen in dumpfen Winkeln der Abgeschlossenheit, in denen bei Zusammenkünften vor allem über die Gottlosen draußen geschimpft wird, alles ungeduldige, hartherzige Aburteilen, alles verborgene Wünschen, dass Gottes Blitzstrahl alle Gottlosen vernichte, ist hier als ein Ungeist gezeichnet, der dem wartenden, weltweiten, großzügigen, immer wieder bereiten Gottesgeist widerspricht.

Die Situation des verlorenen Sohnes ist höchst modern. Es fehlt nicht an solchen, die sich aufmachen wollen, um zurückzukehren. Aber es fehlt leider auch nicht an den anderen, die stirnrunzelnd finden, dass sie für ihre vorbildliche Haltung nicht genügend belohnt werden, und die nicht billigen, dass Gott bereit ist, seine Gnade mit vollen Händen auch denen auszuteilen, deren Unwürdigkeit unter Beweis gestellt worden ist. Hoffen wir, dass die Festfeier kirchlicher Freude alle Türen sprengt und die Verlorenen in hellen Haufen herbeilockt.

Der gute Hirt

Lk 15,3–7: Wer von euch, der hundert Schafe besitzt, lässt nicht, wenn er eins verliert, die neunundneunzig in der Steppe und geht dem verlorenen nach, bis er es findet? Hat er es gefunden, so nimmt er es voll Freude auf seine Schultern und, nach Hause gekommen, ruft er seine Freunde und Nachbarn zusammen und sagt zu ihnen: Freut euch mit mir, denn ich habe mein Schaf gefunden, das verloren war. Ich sage euch: Ebenso wird auch im Himmel größere Freude sein über einen Sünder, der Buße tut, als über neunundneunzig Gerechte, die der Buße nicht bedürfen.

Die Haltung Jesu ist eine Überraschung. Nichts widerspricht dem heiligen Gott mehr als Sünde und Sünder. Nichts liegt ihm näher als Heiligkeit und Heilige oder, alttestamentlich gesprochen, Gerechtigkeit und Gerechte. Es ist darum zu erwarten, dass Jesus, der Mensch gewordene Gott, sich in der Heiligen Stadt Jerusalem auf die Seite der im Heiligtum tätigen Priester und der offiziell als gerecht bezeichneten Pharisäer stellt. Aber das Gegenteil ist der Fall. Er »isst mit Zöllnern und Sündern«, befasst sich mit Vorliebe mit diesen und geht ihnen nach. Er begründet das im Gleichnis vom Hirten, der die neunundneunzig Schafe verlässt, um dem einen verlorenen nachzugehen, weil im Himmel mehr Freude ist über einen Sünder, der sich bekehrt, als über neunundneunzig, die der Bekehrung nicht bedürfen.

In diesem Gleichnis liegt vor allem ein *Trost:* Wir gehören alle zu den Verlorenen. Wir irren immer wieder geistig ab, verlieren Gott aus den Augen und befassen uns lieber mit tausend anderen Dingen als mit Gottes Wort und Gottes Willen. Wir sind im Herzen abgeirrt, denn unsere Liebe gehört oft genug Dingen und Menschen, die Gott widersprechen. Wir sind vor allem im Leben abgeirrt, denn der Redliche weiß, dass er

Sünder ist. Die Rückkehr ist aus eigener Kraft nicht möglich, und so sind wir wie das Schaf, das von der Herde weggelaufen ist und mit gebrochenem Bein hilflos in irgendeinem Loch liegt, völlig auf das Kommen und Helfen des guten Hirten angewiesen. Gerade dieses Kommen und Helfen wird im Gleichnis geschildert. »Hat er das Schaf gefunden, so nimmt er es voll Freude auf seine Schultern. Und wenn er nach Hause kommt, ruft er seine Freunde und Nachbarn zusammen und sagt ihnen: Freut euch mit mir, denn ich habe mein Schaf gefunden, das verloren war.« So wissen wir, dass Christus uns nachgeht, auch wenn wir auf Irrwegen wandeln. Dass er uns mit der Kraft der Gnade zurückträgt, wo unsere eigenen Kräfte versagen. Dass er sich über unsere Bekehrung, die doch sein Werk ist, freut. So kann auch die Sünde Gott verherrlichen, wenn sie zur Bekehrung führt. Und der Sünder, der durch Gottes Gnade heimfindet, führt im Reich Gottes nicht eine minderwertige Existenz und ein Aschenbrödeldasein, sondern er löst im ganzen Gottesreich echte und ehrliche Freude aus.

Die Parabel ist andererseits eine *Mahnung* an alle, die aktiv im Dienste der Kirche stehen. Das Konservieren genügt nicht. Das Missionieren ist Forderung. Die Kirche ist nicht eine Anstalt zur Besserung der Guten, sondern es geht um Rettung der Verlorenen. Für diese Verlorenen tragen alle ein Stück Verantwortung. Man darf die Sendung nicht vergessen und die Dynamik nicht verrosten lassen. Zu den Verlorenen gehören die Ungläubigen, ob es Alt- oder Neuheiden sind. Zu den Verlorenen gehören große Arbeitermassen. Darum geht die Kirche ihnen mit besonderer Sorge nach in der Arbeiterseelsorge, den Arbeiterorganisationen und den vielen Sozialwerken. Zu den Verlorenen gehören auch viele Gebildete. Beim Predigen muss man sich nach dem Durchschnitt richten, und so nehmen wenige Rücksicht auf die Fragen und Schwierigkeiten, die gerade den Glauben der Gebildeten gefährden. Auch hier tut besondere Seelsorge not. Zum Konservieren des

Katholizismus in katholischen Völkern und Stammlanden muss das Missionieren in der Diaspora kommen. Die Kirche hat eigens ihr Gesetzbuch geändert, um in »weltlichen Instituten« dieser Aufgabe zu entsprechen und den Verlorenen nachzugehen.

III. TEIL

VOLLENDUNG DES REICHES GOTTES

REFORM

Das Unkraut auf dem Acker

Mt 13,24–30: Das Himmelreich ist gleich einem Manne, der guten Samen auf seinen Acker säte. Als er aber schlief, kam sein Feind und säte Unkraut mitten unter den Weizen und ging davon. Als nun die Saat aufsprosste und Frucht ansetzte, kam auch das Unkraut zum Vorschein. Da traten die Knechte des Hausvaters herzu und sprachen zu ihm: Herr, hast du nicht guten Samen auf deinen Acker gesät? Woher hat er denn das Unkraut? Er sprach zu ihnen: Das hat der Feind getan. Die Knechte aber sagten zu ihm: Willst du, dass wir hingehen und es zusammenlesen? Er antwortete: Nein, ihr möchtet sonst beim Sammeln des Unkrautes zugleich mit diesem den Weizen ausreißen. Lasset beides zusammen wachsen bis zur Ernte, und zur Zeit der Ernte will ich den Schnittern sagen: Sammelt zuerst das Unkraut und bindet es in Büschel zum Verbrennen, den Weizen aber sammelt in meine Scheune.

Mt 13,37–43: Der den guten Samen aussät, ist der Menschensohn. Der Acker ist die Welt; der gute Same aber, das sind die Kinder des Reiches; und das Unkraut, das sind die Kinder des Bösen. Der Feind, der es gesät hat, das ist der Teufel. Die Ernte ist das Ende der Welt, und die Schnitter sind die Engel. Gleichwie man das Unkraut sammelt und im Feuer verbrennt, so wird es auch am Ende der Welt gehen. Der Menschensohn wird seine Engel aussenden. Diese werden aus seinem Reiche alle Verführer und Übeltäter sammeln und werden sie in den Feuerofen werfen. Da wird Heulen und Zähneknirschen sein.

Alsdann werden die Gerechten leuchten wie die Sonne im Reiche ihres Vaters. Wer Ohren hat, der höre!

Wir stehen vor einer peinlichen Tatsache. Die Kirche sollte das große Zeichen Gottes sein, das dauernde Wunder, das mitten im Weltgeschehen immer wieder hinweist auf die geheimnisvolle Kraft Gottes. Das Fragezeichen, das keiner übersehen kann, ein erhobenes Feldzeichen, die flatternde Fahne Gottes. Man müsste sehen, dass alle Tore dieser Kirche offen stehen und dass ununterbrochen Menschen und Völker hineinwallen. Sie müsste als Engel des Herrn wie Michael mit dem Schwert des Geistes die Schlachten Gottes schlagen. In ihren Päpsten müsste man die Ehrfurcht gebietende Gestalt Christi sehen, in ihren Bischöfen den Geist der Apostel spüren. Den Priestern müsste man anmerken, dass unter ihren Händen sich das Wunder der Brotvermehrung vollzieht. Und die Gläubigen müssten alle die leuchtenden Augen haben, die der Spiegel eines reinen Herzens und des inneren Friedens sind. Alles wäre getaucht in die Atmosphäre der Liebe, und es wäre ein einziges frohes und kühnes Schreiten zum Licht. Unwiderstehlich wäre diese Kirche. Aller Augen würde sie auf sich ziehen, alle Geister fesseln und alle Herzen erobern. Das Vatikanische Konzil hat im vorigen Jahrhundert noch den Mut gehabt, den kühnen Satz zu schreiben: »Die Kirche ist durch sich selbst ein unwiderlegliches Zeugnis ihrer göttlichen Sendung. Durch ihre erstaunliche Fortpflanzung, hervorragende Heiligkeit, unerschöpfliche Fruchtbarkeit in allem Guten, ihre umfassende Einheit und unüberwindliche Beständigkeit. So ist sie ein Zeichen, das unter den Völkern aufgerichtet ist.«

Aber die Wirklichkeit scheint doch ganz anders. Wie viele moralische Hypotheken der Geschichte lasten auf dem Papsttum! Wie viel Ängstlichkeit und Kleinlichkeit findet sich bei Trägern der Mitra! Wie viel allzu Menschliches bei Priestern im Heiligtum! Und sind denn die gläubigen Menschen anders als die ungläubigen? Kann man wirklich den Baum Christi an seinen Früchten erkennen? Wie viel Kitsch findet sich in den Gotteshäusern dieser Kirche! Wie viel falsche Sentimentalität in ihren Andachten! Wie viele übertriebene Formulierungen in ihren Gebeten! Wie viel Unechtes in ihrer Frömmigkeit! Wie viel falscher Aktivismus und Egoismus in ihren Vereinen! Wie viel ängstliche Abkapselung oder falsches Mitläufertum gegenüber der Welt! Wo ist die schlichte Größe des Evangeliums? Wo die welterobernde Kühnheit paulinischen Geistes? Wo die verhaltene Glut johanneischer Mystik?

Ideal und Wirklichkeit klaffen auseinander. Und so ist für viele die Kirche nicht mehr der Magnet, der sie anzieht, sondern das Ärgernis, das sie abstößt. Sie wären fürs Evangelium zu haben, aber nicht für die Kirche. Sie könnten die Glaubenssätze des Katholizismus bejahen, aber mit der Wirklichkeit der konkreten Kirche können sie sich nicht abfinden. Viele wenden sich in schmerzlicher Enttäuschung ab. Sie sind um eine große Hoffnung ärmer geworden. Für andere ist die ragende Gottesstadt ein mittelalterliches Städtlein geblieben, das man aus historischem Interesse allenfalls noch studiert und das der Romantik nicht ganz entbehrt. Und in den Besten schwelt die Glut eines Savonarola. Sie ballen die Faust im Sack und warten auf den Reformator. Gewiss, sie wollen nicht gerade den Luther-Zorn, der wie eine Lawine alles in die Tiefe reißt. Sie wollen nicht eine Reformation, die das Haus kurzerhand verlässt, weil zu viel Urväterhausrat hineingestopft ist. Aber sie wollen eine Reform. Mit ein paar kleinen Verordnungen ist nicht geholfen. Sie wollen mit Radikalismus aufs Ganze gehen. Die Kirche ist, nach den Worten des Apostels Paulus, der mystische Leib Christi. Weil aber Christus der Gottmensch ist, darf es und soll es in der Kirche neben dem Göttlichen auch das Menschliche geben. Sie sind darum durchaus zu haben für menschliche Worte, Methoden, Formen. Aber bei Christus fehlt das allzu Menschliche der Enge, der Kleinlichkeit, der Gehässigkeit und der Sünde.

Wie kann am mystischen Leib des Herrn das allzu Menschliche zu finden sein? Das ist der springende Punkt. Hier liegt das eigentliche Ärgernis. Hier müsste der Hebel der Reform angesetzt werden. Dieses allzu Menschliche muss mit Stumpf und Stiel ausgerottet werden. So argumentieren sie.

Verdienen sie nicht unsere volle Sympathie? Genauso wie jene Knechte, die mit vielen Mühen den Acker bestellt und den Weizen gesät haben und die nun zu ihrer peinlichen und schmerzlichen Überraschung eine Menge Unkraut aufwachsen sehen und im Zorn ihres Radikalismus den Vorschlag machen, alles Unkraut kurzerhand auszureißen. Aber die erstaunliche Antwort Christi ist wie ein kalter Wasserstrahl ins Reformatorenfeuer: »Lasst es wachsen!« Die Zeit unseres irdischen Daseins ist eine Zeit der Bewährung. Und diese Bewährung ist geradezu die eigentliche Lebensaufgabe des Menschen. Darum ist hier auf dieser Erde Gutes und Böses nicht fein säuberlich voneinander geschieden und getrennt und soll es nicht sein. Der Mensch ist exponiert wie der Weizen unter dem Unkraut. Christenleben ist ein Leben in Gefahr, in Auseinandersetzung, in Widerspruch und Widerstand. Es sind nicht Welt und Kirche nebeneinander, sondern es ist Kirche in der Welt. Es ist Glaube im Unglauben. Es ist Christliches im Heidnischen. Gewiss ist diese Erde der Acker Gottes. Aber Gott lässt Satan gewähren, der sein teuflisches Unkraut in den Nächten menschlichen Schlafens auf die göttlichen Felder sät. Es widerspricht dem Weltplan Gottes, das Böse mit allem Radikalismus endgültig ausrotten zu wollen. Das hieße das Gericht Gottes an sich reißen und gewissermaßen Herrgott spielen. Wer eine Kirche ohne das allzu Menschliche will, eine Engelkirche mit Engelpriestern, Engelbischöfen und einem Engelpapst, will es besser wissen als Christus, der Gründer der Kirche. Er will den Himmel auf Erden. Er will ein irdisches Paradies. Er will das in der Zeit, was nach Gottes Willen für die Ewigkeit aufgespart ist. Es fehlt ihm jene seelische Größe und geistige Weite, die Christus fordert, der betont, dass Gott seine Sonne über Sündern und Gerechten scheinen lässt und seinen befruchtenden Segen Schurken und Heiligen schenkt. Es fehlt ihm das Wartenkönnen, das Gott fordert. Er will das Ergebnis vorausnehmen, ohne die Prüfung bestanden zu haben. Er will schon auf den Gipfeln der Berge stehen, ohne zu prüfen, wer im steilen Anstieg durchhält und wer zurückbleibt. Er will die Ewigkeit haben, ohne die Bedeutung der Zeit zu kennen. Er will die Scheidung, ohne den Menschen die Möglichkeit zur Entscheidung zu lassen. Mit einem Wort: Er will das Reich Gottes nicht so, wie es Christus gewollt hat. Es ist menschliches Draufgängertum unter christlicher Maske, menschlicher Fanatismus unter dem Schein christlichen Eifers. Bilderstürmerischer Fanatismus, zerstörender Radikalismus ist nicht Geist vom Geiste Christi. Den jungen Eiferern, die Feuer vom Himmel herabholen wollen, verweist es der Herr: »Ihr wisset nicht, wes Geistes Kinder ihr seid.«

Soll man also alles auf sich beruhen lassen? Alle Reformbestrebungen abbremsen? Allen Eifer im Keim ersticken? Keineswegs! Aber zwischen christlichen Reformbestrebungen und unchristlichem Fanatismus ist ein Wesensunterschied. Man muss den Weizen Weizen nennen und das Unkraut Unkraut. Muss den Menschen den Blick und den Sinn für das Echte, für das Christliche geben durch einen wirklichen Geist des Glaubens und ihnen damit zugleich den Blick für das Unechte, Unchristliche, dem Glauben Widersprechende geben. Man muss das Gute fördern, das Böse bekämpfen, für Gott wirken und gegen Satan. Muss die Menschen zur Entscheidung aufrufen und ihnen helfen, sich richtig zu entscheiden. Muss aber nicht glauben, dass das Böse einfach ausgetilgt und vernichtet werden könne, sondern muss dieses Büscheln und Verbrennen dem Jüngsten Tag überlassen. Denn die Richtigstellung aller Dinge erfolgt erst im Gericht des Herrn. Ein Äckerlein, und wäre es die frömmste Sekte und das idealste Konventikel und eine Gruppe der heiligmäßigsten Menschen, ist nie der Acker Gottes. Denn auf diesem gibt es nach dem klaren Wort des Herrn auch Unkraut. Das allzu Menschliche an der Kirche ist also etwas, das Christus ausdrücklich und bewusst zulässt. Es darf uns somit nicht zum Anstoß und zum Ärgernis werden, sondern nur zur Nötigung, die Dinge im Glauben richtig zu sehen und uns aus dem Glauben heraus richtig zu entscheiden. Kirche Christi ist in dieser Zeit und in dieser Welt und ist Kirche, die auch mit dem allzu Menschlichen belastet ist. Der Satz des Vatikanums besteht zu Recht: Ihre Fruchtbarkeit, Einheit, Beständigkeit ist rein natürlich nicht zu erklären und ist darum ein Zeichen Gottes. Aber das Wesen dieser Kirche ist nur dem Glauben zugänglich, weil neben all dem Großen, Göttlichen auch das Kleine, Menschliche und selbst allzu Menschliche dieser Kirche anhaftet. Wer den Acker des Herrn voll Weizen und Unkraut sieht, soll sich an das Gleichnis des Herrn vom Weizen und Unkraut erinnern und gerade dieses Feld als den Acker Christi erkennen.

WACHEN

Das Gleichnis vom Herrn und den Knechten

Lk 12,36–48: Ihr sollt Leuten gleichen, die ihren Herrn erwarten, wenn er von der Hochzeit kommt, damit sie ihm, wenn er kommt und anklopft, sogleich öffnen können. Selig jene Knechte, die der Herr bei seiner Ankunft wachend findet! Wahrlich, ich sage euch: Er wird sein Kleid schürzen, sie zu Tisch sitzen heißen, herumgehen und sie bedienen. Kommt er in der zweiten oder in der dritten Nachtwache und trifft er sie so an, dann Heil jenen Knechten! Das aber merkt euch wohl: Wüsste der Hausvater, zu welcher Stunde der Dieb kommt, so würde er wahrhaftig ihn nicht in sein Haus einbrechen lassen. So seid auch ihr bereit; denn der Menschensohn kommt zu jener Stunde, da ihr es nicht vermutet. Da fragte ihn Petrus: Herr, gilt dieses Gleichnis nur uns oder auch allen? Da sprach der Herr: Wer ist wohl der treue und kluge Verwalter, den der Herr über sein Gesinde setzt, damit er ihm zur rechten Zeit den zugemessenen Unterhalt verabreiche? Selig jener Knecht, den der Herr bei seiner Ankunft also handelnd findet. Wahrlich, ich sage euch: Er wird ihn über all seinen Besitz setzen! Wenn aber jener Knecht denkt: Mein Herr kommt noch lange nicht, und anfängt, Knechte und Mägde zu misshandeln, zu essen, zu trinken und sich zu berauschen, so wird der Herr jenes Knechtes an einem Tage kommen, wo er es nicht erwartet, und zu einer Stunde, wo er nicht daran denkt, ihn in Stücke hauen und ihm seinen Platz bei den Ungläubigen anweisen. Jener Knecht aber, der den Willen seines Herrn kennt, sich aber nicht bereithält, noch nach seinem Willen handelt, wird viele Schläge erhalten; wer ihn aber nicht kennt und Dinge tut, die Schläge verdienen, erhält wenige. Wem viel gegeben ist, von dem wird viel verlangt; wem viel anvertraut ist, von dem wird noch mehr gefordert.

Noch eine andere Endzeitparabel fügt der Herr bei. Das Gleichnis ist dem damaligen orientalischen Leben entnommen. Ein Hausherr ist zu einer Festfeier eingeladen. Seine Sklaven bleiben zu Hause, wissend, dass der Herr erst spät in der Nacht zurückkommt. Aber den Zeitpunkt der Heimkehr hat er nicht mitgeteilt. Ganz verschieden ist nun die Haltung der Einzelnen.

Der eine lebt liederlich. Ein anderer lässt sich völlig gehen. Er misshandelt die anderen Knechte und Mägde, macht sich hinter Keller und Küche her und leistet sich einen tollen Abend, bis er sinnlos betrunken ist. Andere dagegen bleiben auf und sorgen dafür, dass die Lampen angezündet bleiben, damit der Herr ins hell erleuchtete Haus kommen kann. Sie stehen in Arbeitstenue (Arbeitskleidung, Anm. d. Verl.) bereit, um seine Aufträge auszuführen. Einer tut sich besonders hervor.

Unerwartet früh kommt der Herr zurück. Der erste liederliche Knecht erhält seine Prügel. Der zweite wird hingerichtet. Bei den Wachenden geschieht etwas, das menschlich gesehen undenkbar ist: Der heimkehrende Herr lädt die Sklaven zu Tisch und bedient sie selbst. Und der, der in besonderer Weise sich hervorgetan hat, wird zum Verwalter des gesamten Eigentums des Herrn ernannt.

Zeitgeschichtliches und Endgeschichtliches mischt sich in diesem Gleichnis ineinander. Die Rückkehr des Herrn ist die Wiederkunft Christi im Gericht. Wer Böses getan hat, wird bestraft. Wer liederlich gelebt hat, erhält »seinen Platz bei den Ungläubigen«, das heißt, er wird aus dem Reiche Gottes ausgeschlossen. Die Bereiten und Wachenden sind geladen zum himmlischen Gastmahl. Die Knechte sind die Freunde geworden, die Sklaven die Erwählten. Sie sind Hausgenossen Gottes.

Die Forderung des Gleichnisses ist der Geist der wachen Bereitschaft und der getreuen Verwaltung dessen, was Gott den Menschen übergeben hat. Das Leben ist eine Aufgabe. Die Haltung im Diesseits entscheidet für das Jenseits. Die Stellung zeitlicher Bereitschaft bewirkt entsprechend Lohn oder Strafe in der Ewigkeit.

Lohn ist es aber nur in übertragenem Sinn. Denn selbst der Lohn ist Gnade. Um das deutlich zu machen, greift Christus gerade das Beispiel des Knechtes auf. »Wird einer zu einem Knecht, der vom Feld heimkehrt, sagen: Komm her und setz dich zu Tisch. Wird er ihm nicht vielmehr sagen: Richte mir das Mahl her, gürte dich und bediene mich, bis ich gegessen und getrunken habe. Danach magst du essen und trinken. Dankt er etwa dem Knecht dafür, dass er seinen Auftrag ausgeführt hat? So sollt auch ihr, wenn ihr alle Aufträge ausgeführt habt, sagen: Wir sind unnütze Knechte. Wir haben nur unsere Pflicht getan« (vgl. Lk 17,7). Im ersten Gleichnis sagt Jesus, dass der Hausvater die Knechte bediene. Im zweiten betont er, dass er sich von den Knechten bedienen lässt. Der scheinbare Widerspruch soll nun deutlich machen, dass es reine und freie Gnade Gottes ist, wenn er nicht selbstverständlich von den Menschen nur fordert, sondern ihnen auch gibt. Als Geschöpf, und doppelt als sündiges Geschöpf, hat der Mensch keinerlei Rechtsanspruch Gott gegenüber. Wenn somit Gott das Tun des Menschen belohnt, ist es nicht Lohn aufgrund des Werkes, das in sich einen Rechtstitel enthält, sondern es ist Lohn aufgrund des Willens und der Verheißung Gottes, der seine Gnade so mit dem Werk verknüpft, dass als Lohn erscheint, was freies Geschenk ist.

BEREITSCHAFT

Das Gleichnis von den klugen und törichten Jungfrauen

Mt 25,1–13: Das Himmelreich wird gleich sein zehn Jungfrauen, die ihre Lampen nahmen und dem Bräutigam entgegengingen. Fünf von ihnen waren töricht und fünf klug. Die fünf törichten nahmen zwar ihre Lampen, aber kein Öl mit sich. Die klugen dagegen nahmen mit den Lampen auch Öl in ihren Gefäßen mit. Als der Bräutigam länger ausblieb, wurden alle schläfrig und schliefen ein. Um Mitternacht erhob sich der Ruf: Der Bräutigam kommt! Hinaus, ihm entgegen! Da standen alle diese Jungfrauen auf und richteten ihre Lampen her. Die törichten sprachen zu den klugen: Gebt uns von eurem Öl; denn unsere Lampen erlöschen. Die klugen antworteten: Es möchte nicht genügen für uns und euch. Geht lieber zu den Krämern und kauft, was ihr braucht. Während sie nun hingingen, um zu kaufen, kam der Bräutigam. Die bereit waren, gingen mit ihm zur Hochzeit ein, und die Türe ward verschlossen. Endlich kamen auch die anderen Jungfrauen und sagten: Herr, Herr, tu uns auf! Er aber antwortete: Wahrlich, ich sage euch: Ich kenne euch nicht! Wachet also! Denn ihr wisset weder den Tag noch die Stunde.

Endlich ist die unerträgliche Hitze durch abendliche Kühle abgelöst. Der Bräutigam macht sich mit seinen Freunden auf den Weg, um im Nachbardorf die Braut abzuholen. Diese hat die letzten Tage ihrer Freiheit mit Freundinnen zusammen verbracht, und nun warten sie, bis der Hochzeitszug kommt. Er verzögert sich, und da die Feier ohnehin in den Morgen hinein dauern wird, nehmen die Mädchen etwas Schlaf voraus. Um Mitternacht herum fahren sie plötzlich auf. Man hört auf der Straße die Jauchzer der Burschen, und so müssen rasch die Lichter angezündet werden. Da zeigt es sich, dass einige der Mädchen zwar ihre Lampen mitgenommen, aber den Ölvorrat vergessen haben. Die Antwort der Besitzenden klingt sehr unchristlich. Sie weigern sich zu teilen und sorgen nur für sich selbst. Dann geht der Zug zurück ins andere Dorf. Fest und Tanz beginnen. Es ist zwar begreiflich, dass man den verspäteten Nachzüglern, die bei irgendeinem Trödler noch etwas Öl aufgetrieben haben, die sorgsam verrammelte Tür zum festlichen Haus nicht öffnen will, denn da draußen lungert allerhand Gesindel herum. Trotzdem klingt auch die Antwort des Bräutigams unchristlich. Er weigert sich zu öffnen und behandelt die Pochenden als unbekannte Fremde.

Aber es geht in dem Gleichnis eben nicht um Verständnis, Teilen und Mitleid, sondern es ist eine *Endzeitparabel.* Wenn aber die Endzeit gekommen ist, im Tod für den Einzelmenschen, beim Jüngsten Gericht für die Menschheit, dann ist tatsächlich keine Zeit mehr, denn das Ende der Zeit ist gekommen. Entweder ist man dann bereit und gerüstet, oder man ist es nicht. Versäumtes kann dann nicht mehr nachgeholt werden. Es ist keine Zeit mehr, Fehlendes zu ersetzen. Darum lautet die Forderung: Seid wachsam und bereit.

Das gilt für den *Einzelnen.* Es ist gefährlich, die Bereitschaft zum Jenseits hinauszuschieben. Denn vielleicht ist später keine Zeit mehr, um nach dem Rechten zu sehen. Der Mensch kann plötzlich durch einen Schlaganfall sterben, einem Unfall erliegen, einer Bombardierung im Krieg zum Opfer fallen. Und selbst wenn er noch kranke Tage auf seinem Sterbelager verbringt, hat er vielleicht nicht mehr die geistige Kraft, sich umzustellen, sich zu sammeln, zu beten. Er braucht die ganze Kraft, um das Kranksein zu ertragen und den körperlichen Kampf gegen den würgenden Tod zu führen. Auch ist es Gottes unwürdig, wenn man die Bereitschaft für seinen Ruf auf alte Tage verschiebt, um bloß den kläglichen Rest des Lebens ihm zu weihen. Ob er dann die Gnade noch gibt, ist fraglich. Also ist Bereitschaft im Leben in der Fülle und auf der Höhe des Lebens notwendig. In einem anderen Gleichnis sagt der Herr ausdrücklich, dass der Tod kommt wie ein Dieb in der Nacht, also unerwartet, unvorhergesehen. Wer nicht bereit ist, ist dann verloren.

Es gilt auch für die *Menschheit*. Wir wissen nicht, wie lange die Weltgeschichte dauert und wann das Ende der Welt hereinbricht. Die astronomische Katastrophe, durch welche unser Sonnensplitterchen Erde zugrunde geht, kann urplötzlich über uns hereinbrechen. Inzwischen gebärden sich die Menschen und Völker, als hätten sie noch mit Sicherheit Jahrtausende vor sich. Kaum einer denkt im Ernst an die Möglichkeit eines plötzlichen Endes der Welt. Was der Urkirche noch selbstverständlich war, das Ausschauen nach der Wiederkunft des Herrn, ist unserer heutigen Christenheit weithin etwas völlig Fremdes geworden. Man klammert sich an die Erde und an dieses Leben, rechnet noch mit ungeheuren Entwicklungsmöglichkeiten und hat nicht den Blick für das Ende, die eschatologische Haltung, die doch von der Bibel eindringlich gefordert wird.

In der Parabel spricht Christus von fünf klugen und fünf törichten Jungfrauen. Es ist fraglich, ob das Zahlenverhältnis heute noch so günstig wäre oder ob man nicht die Zahl der törichten prozentual wesentlich erhöhen müsste. Zu welchen gehören wir?

DER VOLLENDER

Christus als Hirt der Völker

Joh 10,1–16: Wahrlich, wahrlich, ich sage euch, wer nicht durch die Türe den Schafstall betritt, sondern anderswo hineinsteigt, ist ein Dieb oder Räuber. Wer aber durch die Türe eintritt, ist der Hirt der Schafe. Ihm öffnet der Türhüter, die Schafe hören seine Stimme. Er ruft seine Schafe mit Namen und führt sie hinaus. Wenn er alle seine Schafe hinausgelassen hat, geht er vor ihnen her, und die Schafe folgen ihm, weil sie seine Stimme kennen. Einem Fremden werden sie sicher nicht folgen, sondern vor ihm fliehen, weil sie die Stimme des Fremden nicht kennen. Diese Bilderrede trug Jesus ihnen vor. Aber sie verstanden nicht, was er ihnen damit sagen wollte. Da sagte Jesus von Neuem zu ihnen: Wahrlich, wahrlich, ich sage euch, ich bin die Türe zu den Schafen. Alle, die vor mir gekommen sind, sind Diebe und Räuber, aber die Schafe haben nicht auf sie gehört. Ich bin die Türe. Wer durch mich eingeht, wird gerettet, wird ein- und ausgehen und Weide finden. Der Dieb kommt nur, um zu stehlen, zu töten und zu verderben. Ich bin gekommen, damit sie das Leben haben und es in Fülle haben. Ich bin der gute Hirt. Der gute Hirt gibt sein Leben für die Schafe. Der Mietling aber, der kein Hirt ist, dem die Schafe nicht gehören, sieht den Wolf kommen, verlässt die Schafe und flieht. Der Wolf raubt und zerstreut sie. Der Mietling flieht, weil er ja nur Mietling ist und ihm an den Schafen nichts liegt. Ich bin der gute Hirt. Ich kenne die Meinen, und die Meinen kennen mich, so wie mich der Vater kennt und ich den Vater kenne. Ich gebe mein Leben für die Schafe. Ich habe noch andere Schafe, die nicht aus dieser Herde sind. Auch die muss ich führen. Sie werden meine Stimme hören, und es wird eine Herde und ein Hirt werden.

Die Israeliten waren in ihrer Urzeit ein Volk von Hirten. Darum war ihnen das Bild der Volksführer als Hirten ihrer Herden vertraut und geläufig. Moses hat seine Berufung empfangen, als er seine Herde gegen den Berg Horeb trieb. Er sollte Hirt des Gottesvolkes werden. David ist von der Herde weg zum König über Israel gesalbt worden. Die Propheten brauchen immer wieder das Bild von den Hirten und ihrer eifrigen oder lässigen Sorge für die Herde. Jesus ist ganz in der Tradition seines Volkes verwurzelt. Und so ist auch ihm dieses Bild vertraut. Dass sich unter seinen Parabeln mehrmals und in verschiedenen Varianten auch das Gleichnis vom Hirten findet, ist daher naheliegend. Nach seiner Lehre ist die innere Einstellung, die Gesinnung des Hirten das Entscheidende. Der Mietling ist bezahlt. In der Stunde der Gefahr sucht er nur seine eigene Haut in Sicherheit zu bringen, denn in seinem Anstellungsvertrag ist nirgendwo die Pflicht erwähnt, im Notfall sein Leben einzusetzen.

Die Forderung gilt zuerst den geistlichen Führern des Volkes, deren Pastorennamen heute noch an jenes Hirtengleichnis erinnern. Wenn ein Priester nur bezahlter Beamter ist, seinen Beruf nur als Existenzbasis und Brotkorb betrachtet, die Tätigkeit infolgedessen auf ein Mindestmaß zurückschraubt und in Gefahrenzeiten sich rechtzeitig in Sicherheit bringt, ist er ein Mietling, der zu Unrecht priesterliche Gewänder trägt. Man darf aber nicht bloß an äußere Lebensgefahren denken. Der Priester muss als Hirt seine Persönlichkeit einsetzen und darf nicht nachgeben, auch wenn ihm die Opposition in der Öffentlichkeit den guten Namen nimmt, ihn mit Verleumdung bedenkt und ihn auf alle Arten schikaniert. Er bleibt auf seinem Posten und steht zu den Forderungen Gottes und seines eigenen Gewissens, auch wenn man ihn deshalb Hinterwäldler schilt und seine Unnachgiebigkeit als engstirnigen Eigensinn verurteilt. Mit Bonzentum darf allerdings der Einsatz der Persönlichkeit nichts zu tun haben.

Das Gleichnis gilt aber auch *den weltlichen Führern des Volkes.* Regierungsmänner, die ihr Amt nur als gut bezahlten Posten betrachten, Offiziere, die ihr Kommando nur zur Befriedigung ihres Ehrgeizes führen, Professoren, Lehrer und Lehrerinnen, die nur auf gute Bezahlung schauen, froh sind, wenn die Schulstunden zu Ende sind und ihr eigentliches Leben beginnt, Schriftsteller und Journalisten, die nicht wissen, welche Verantwortung sie für das geistige und moralische Wohl der Öffentlichkeit und des Volkes tragen, sind samt und sonders Mietlinge. Wenn der Mensch sich exponieren muss, wenn seine Person die Zielscheibe für die Kritik bildet, wenn seine Auffassungen der öffentlichen Meinung widersprechen, so ist das die Stunde der Bewährung, in der das Echte vom Unechten geschieden wird, der Mietling sich vom guten Hirten unterscheidet. Nicht Gehälter und Tantiemen, nicht Stellung und Titel dürfen den Ausschlag geben, sondern der Wille und die Bereitschaft, Verantwortung zu übernehmen, für die anderen da zu sein, ihr Wohl als Lebensaufgabe zu betrachten. In allen Berufen wimmelt es heute von Mietlingen. Die wirklichen Hirten sind selten geworden. Darum ist auch den kommunistischen Bären und den nihilistischen Wölfen das Eindringen in die Herde leicht gemacht. Doppelt leicht, wenn sie durch dämonische Tarnungskünste sich in die Schafspelze der Harmlosigkeit und des Volkswohles zu kleiden verstehen.

Auch dieses Gleichnis vom Hirten findet *in Christus* seine lebendige Verkörperung. Er betont es selbst mit den Worten: »Ich bin der gute Hirt«, und leitet daraus ein Dreifaches ab. Das Erste ist *die Kenntnis der Seinen.* »Ich kenne die Meinen, und die Meinen kennen mich.« Also eine Wechselbeziehung des Kennens; und doch, wie verschieden ist diese Kenntnis! Christus kennt die Seinen besser, als diese sich selbst kennen. Er kennt die Schwächen und ihr Versagen, ihre Kleinheit und Kleinlichkeit, aber auch ihren guten Willen und ihre Sehnsucht nach einem besseren und größeren Ich. Die Seinen kennen ihn und kennen ihn doch nie ganz. Denn er sprengt alle menschlichen Rahmen, ist wesentlich der Unfassbare und Unbegreifliche. Und doch ist es ein Sichkennen durch jene eigenartige Wechselbeziehung, die nur dem Menschen des Glaubens gegeben ist. Jenes Rufen und Antworten, jenes Sprechen und Hören, jenes Locken und Lieben, das nur in der Nachfolge Christi möglich ist.

Die zweite Folgerung, die Jesus zieht, ist *die Führung der Seinen*. Er führt sie auf gute Weide. Äußerlich gesehen, hat man den entgegengesetzten Eindruck. Denn Christus führt die Seinen auf den steilen und steinigen Weg, auf die blutige Straße, die nach Golgotha führt. Er geht ihnen voran durch dunkle Schluchten des Leidens, über Geröllhalden der Entbehrung und der Mühsal, zu steilen Anstiegen, bei denen die Masse zurückbleibt und nur Ausnahmen Gefolgschaft leisten, über Grate der Gefährlichkeit auf die Gipfel der Heiligkeit. Ginge der Hirte nicht voran, würde man die Gefolgschaft verweigern. Aber der Blick auf seine Gestalt sichert das Ziel.

Das Dritte, was Jesus verspricht, ist *der Einsatz des Lebens in der Gefahrenzone*. Hier hat er sich, wie keiner sonst, als der gute Hirt ausgewiesen. Allein hat er sich dem Feinde gestellt. Vor jüdischen und heidnischen Richtern hat er sein Tun verantwortet. Trotz Folter und Qual seine Aufgabe nicht drangegeben. Durch Leiden und Blut die Seinen verteidigt. In Hohn und Spott ihnen die Treue gewahrt und sein Herzblut für sie hingegeben. Seitdem wissen wir, dass das Wort vom guten Hirten kein Schäferidyll ist, kein sentimentales Schalmeienblasen, kein geruhsames Lagern auf grüner Aue, sondern dass es Verantwortung, Sorge, Hingabe, Einsatz der Persönlichkeit und Wagnis des Lebens besagt.

So ist Christus die ragende Gestalt des guten Hirten. Und er ist es nicht bloß für eine kleine Gruppe. Seine Führung ist nicht das Privileg einiger weniger Erwählter oder einer bestimmten Klasse oder einer bevorzugten Rasse oder eines auserwählten Volkes. »Ich habe noch andere Schafe, die nicht aus dieser Herde sind. Auch sie muss ich führen.« Und er wird nicht ruhen, bis die große Einigung der Völker in der einen Kirche erreicht ist, also bis das Bild vom *einen* Hirten und der *einen* Herde Wirklichkeit geworden ist. Nicht menschliche Bemühungen sind das Entscheidende in der Erreichung dieses fernen Zieles, sondern nur Christus selbst wird letztlich die Fernen in seine Nähe holen und die große Einheit in ihm, dem Einen, verwirklichen. In dem Maß, wie alle verantwortlichen Führergestalten von seinem Geist selbstlosen Sorgens erfüllt sind, in dem Maß, wie alle auf ihn schauen, entwickelt sich die Bewegung zu ihm hin. Denn trotz aller schlechten Erfahrungen und aller Widerstände darf man das Ziel und das Ideal nicht aus den Augen lassen: Christus als der eine Hirt der geeinten Völker. Das Gleichnis vom guten Hirten hat daher weltgeschichtlichen Charakter.

Richard Gutzwiller

wurde am 26. Mai 1896 in Basel geboren. Nach dem Abitur trat er 1915 in die »Gesellschaft Jesu« ein. Er studierte Theologie und Philosophie und empfing 1926 in Innsbruck die Priesterweihe. 1928 begann Pater Gutzwiller seine 30-jährige Tätigkeit in Zürich als Studenten- und Akademikerseelsorger. Durch Predigten, Vorträge und zahlreiche Beiträge in Zeitungen und Zeitschriften – er initiierte und prägte die Wochenbeilage »Christliche Kultur« der *Neuen Zürcher Nachrichten* – vermittelte er dem Zürcher und Schweizer Katholizismus ein neues Selbstbewusstsein; seine Stellungnahmen waren meinungsbildend.

1952 wurde Pater Gutzwiller Direktor des Apologetischen Instituts des Schweizer Katholischen Volksvereins in Zürich und Honorarprofessor für bibeltheologische Fragen an der Universität Innsbruck. Seine Meditationen zu den Evangelien fanden große Verbreitung. Pater Richard Gutzwiller starb am 29. Mai 1958 in Zürich.